パート社員ばかりの小さな会社が

3億円を売り上げた秘密

野口 莉加

同文舘出版

まえがき

あなたの会社の社員は、「仕事が楽しい」と感じていますか？

8年前の私は、一所懸命仕事に取り組んでいるのは経営者だけ。一緒に働く社員と同じ方向を向いて、仕事ができていない。また、思うようにコミュニケーションが取れないもどかしさを感じ、どうして会社が掲げる夢に全社員一丸となって立ち向かえないのか……と寂しく感じていました。

本書は、起業してからの19年間に私が悩み、試行錯誤してきた「職場の問題」を一気に解決できる内容になっています。一つひとつ実験していただくことで、素敵な職場を作り上げることに成功し、いつの日か……「売上が上がることにつながった！」と感じていただけることでしょう。

本書をお読みになるにあたって、まず2つの大切なことをお伝えしておきます。

◆弊社のスタッフは、全員が「パート社員」です。

◆弊社の増収増益は、「パート社員」によって生み出されています。

正社員でないと、「チーム力にあふれたすごい組織」を作ることはできない。そう考えている経営者も多いのではないでしょうか？　私は、その固定観念を完全に否定できる自信があります。

この本の内容を実践していただくと社員たちは、

①一人ひとりが「経営者の頭脳」を持ち備え

②限りある時間の中で、自身の力を最大限に発揮し

③いつも「キラキラ」輝き

④「ワクワク」した気持ちで、すばらしい仕事をしてくれる

このように変化していきます。

「社風を改善したい」

「チーム力を向上させ、売上アップにつなげたい」

「社員とどう関わるべきかわからない」

そんな悩みを解決しながら、夢に向かって競合に負けない強い会社を作るためのノウハウが満載の内容です！

社員全員が、「会社はパワースポット！」と感じられる職場づくりに成功すれば、その結果は必ず売上アップという形で業績に表われます。本書が、そのための一助となれば、これに勝る喜びはありません。

1章 社長の心構え

5章 さらなる強固な組織にするために …… 185

本文DTP／マーリンクレイン
装丁／春日井恵実

1章 社長の心構え

1-1 社長・リーダーが変わる必要性

「最近、社内に元気がない……」そんな悩みはありませんか？

私が起業をした19年前の話です。社内に1人、2人、3人……とスタッフが増えていくにつれて、私には「どうしたら、社員がもっと生き生きと働いてくれるのだろうか？」という悩みがありました。その解決の糸口が見つからないまま、しばらくすると辞めていく社員たち。毎年、人の入れ替わりが激しい職場でした。

当時を思い返すと、ひとつのゴールに向かって努力をしていたのは社長だけ。定時まで仕事をして帰ればよい、という考えで働く社員との関係に、どこか寂しさを感じる毎日でした。「すばらしいチームを作りたい。そんな簡単なことがどうしてできないのか？」「経営者・リーダーの仕事って何？」と1人で悩み、自問自答した期間は10年にも及びました。

しかし、自分が社員の立場だったらどうでしょうか。楽をして給料がもらえるほうがいいという気持ちもわかります。立場が違う者たちの意識をひとつの方向にまとめるのは、簡単なことではありません。実際には難しいことなのだと思います。

起業して12年目、今から7年ほど前のことです。ようやく私の中で、ひとつの答えが出ました。それが、リーダーに必要なのは「現場で働く社員の力を大きく引き出し、生き生きと働ける空間を提供できる能力」なのではないか、ということです。社員を本気で応援し、感謝することで、社員にエネルギーを与えることができる存在になる。そのためには、どうしたらよいのでしょうか。

これまで、私がイメージしていたリーダーの役割は、「部下の業務を管理すること」でした。けれども、私に必要だったのは、そんな安直なリーダー像からの脱却です。そして、部下の力を引き出し、発揮させることができるリーダーへと変わっていかなければならなかったのです。

会社の雰囲気、チームの気質といったものは、その会社の社長／リーダーが発する言葉や態度に影響されます。社長（＝リーダー自身）が、それに気がつかなければなりません。社長自身が夢を語り、「ワクワク・生き生き」している姿を社員に見せ、笑顔であいさつし、みんなと働ける空間が大好きだということを、自ら発信していく必要があるのです。そうすると自然に、「共感力」が職場に芽生えていきます。相手から、「この人だったらわかってくれる」「この人だったら信頼できる」と感じてもらえるようになります。

あなたは、どんなチームをイメージしていますか？

会社がめざすイメージが社内全体で共有されると、自然に生産性が高い職場環境が育まれます。やるべきこともすぐに決定し、たくさんのアイデアが生まれます。全力で仕事に取り組む空気が満ち、社員が職場に長く定着するようになり、プロ意識の高いメンバーで戦うための土台が築き上がっていくのです。

最高のチームは、偶然に生まれるものではありません。社長やリーダーが社内に変革を起こした結果、メンバー一人ひとりに気づきが生まれ、パズルのようにぴったりと合うチームが完成するのです。

リーダーは、①社員に感謝を伝えるために、どのような行動をしているか？ ②社員への信頼をどのように伝えているか？ ③社員との共感力を高めるために何をしているか？ ④社員全員が目標を把握するために、日々何を伝えているか？ ⑤経営者／リーダー自身が挑戦している姿を社員に見せているか？ といったことを、まず自問自答するところから始めてみてください。

社員はよく見ています。トップが成長し、努力している姿を毎日目にすることで、自分も頑張ろうという気持ちになるのです。逆に、トップの成長への意識が低くなると、この程度でいいだろうと低い次元に意識を合わせ、落ち着いてしまうのです。会社の雰囲気は、社長しだい、リーダーしだいで、業績が上がるか下がるかも、それで決まります。

ポイント
業績アップは、経営者・リーダーがどんな社風をどう作れるかが鍵
社員に感謝と信頼を伝え、共感力を高めていこう！

1-2 経営理念を作る

経営理念は、なぜ必要なのでしょうか？

私が、「社員をすばらしいチームにまとめるため、最初にやるべきことは何だろう？」と考えていた頃のことです。ある時、２００２年に１人で起業してから現在に至るまでの会社の歴史を、社員たちに話してみようと思い立ちました。

インターネットを使うことさえおぼつかない駆け出しのまま、自宅の１部屋、１台のパソコンからスタートし、会社のホームページを開設するところから始めたこと。毎日、深夜３時頃までコツコツと商品登録をしていったこと。わが子が０歳で、泣き出さないか気にしながらお客様からの電話を受け、子どもの様子を常にうかがいながらの仕事だったこと。ある程度、売上が上がるようになった頃、取引先のメーカーがネットに参入してきて、突然競合になってしまい、当時のキャンペーンをすべて取り下げてほしいという要望を出され、悩み

に悩んだこと……。現在の事業アイデアは、そういった苦境から生み出されたもので、それが今、お客様に支持されていること。さらに発展させていくためには、社員みんなの力が必要だという想いを伝えました。

「なるほど！　そんな過去の苦労があっての今を、私たちは任されているのですね。これまでの努力が消えてしまわないように、これからは、私たちが会社を伸ばしていかなければ、と身が引き締まる想いです」

社員たちの声に、自分の想いが伝わったことを実感しました。この大切な瞬間の記憶が、みんなの中から消えないようにしたい。そう考えた時、「経営理念」の重要性に気がついたのです。また、ただ掲げるだけではなく、毎朝、みんなでそろって唱和することも必要だと思いました。声に出すことで、内容を記憶でき、理解も進みます。一致団結の心も生まれます。スポーツの試合でも、開始前にみんなでエールをかける光景をよく見かけますね。朝礼での唱和が、同じような効果をもたらしてくれると考えたのです。

私はまず、経営理念の目的・意義を具体化するところからスタートしました。

経営理念とは、企業がめざす方向性や、その企業の存在意義を端的に表わすものです。働いてくれる社員には、「会社がどのような姿勢で、何のために業務を行なっているのか」「自分はどのようなポジションで会社に関わっていけばよいのか」を理解してもらわなければなりません。新人スタッフでもわかるような具体的な指標が必要です。

経営理念の目的・意義は、大きく分けて次の４つです。

①経営の要であり、判断の基準となる

経営者自身に経営理念という軸を作ることが大切です。何のために経営し、何をめざすのか？

経営する中で判断に迷ったり困難が降りかかってきたときに、経営理念に基づいて考えることができます。

②組織や社員行動の軸を作る

経営理念を組織の中に、社員一人ひとりの中に浸透させることが重要です。社員も、仕事をする上で判断に迷うことがありますが、経営理念が行動の指針になります。組織に軸が作られれば、自然と強い組織・会社に発展していきます。

③お客様・取引相手から信頼が得られる

自分たちの事業が、社会に対してどのような価値を生み出せるのか？　事業を通じてどのように社会貢献していくのか？

経営理念を社外に発信することで、企業の信念やミッション（使命）を伝えることができます。また、お客様や求職者からも共感が得られ、信頼へとつながります。

④社員のモチベーション向上、組織力の強化

経営理念には、社会的な使命が盛り込まれています。自分たちの仕事が社会貢献につながっていることを実感し、社会に貢献できる組織に属しているという満足感が生まれると、社員一人ひとりのモチベーションを高め、社員同士の絆も強固にします。

また、強固で柔軟な組織へと育った組織は、困難な状況に陥ったときにさまざまなアイデアを提案し、危機に対応できる人材を育んでくれます。

経営理念を定める時には、「ビジョン」「ミッション」「バリュー」の3要素を意識するとよいでしょう。

◆「ビジョン」とは、企業の目的・将来像
◆「ミッション」とは、企業がはたすべき使命・存在意義
◆「バリュー」とは、組織が共通で持つべき価値観

経営者自身がどんな会社にしたいか、どのような社会貢献を成し得たいのか。経営者自身の想いを熱く訴える内容になっていますか？　経営理念はただ定めるだけでなく、しっかりと社内に浸透させて、活用できてこそ価値があります。社員が、「行動指針」として意識できる内容になっていることも重要です。

どんな企業だろうと、会社経営には波があって当然です。売上が上がったり落ちたり、トラブルに見舞われたり、大きな競合が出てきたりする中で、常に戦っていく必要があります。社長だけでなく、全社員で戦っていける強力な組織にするために必要となるのが「経営理念」なのです。

そう言われても、経営理念をどうやって作ったらいいのか……。そう思われている場合には、まず同じ業界の会社のウェブサイトを調べるところから始めてみてください。競合他社がどのようなことにチャレンジしているのかを知れば、サービスの発見にもつながるし、その会社の経営理念とあなた自身の想いを比較することもできます。他社を参考にして勉強するという姿勢は、どんな段階でも必要なことだと思います。

経営理念が出来上がったら、初めて出社してきた新入社員が、その日の朝礼で唱和に参加している光景をイメージしてみてください。その新入社員が、「自分がこれから働くのはこのような会社なんだ！」と理解できるような内容になっていますか？　経営理念は「社員の意識を統一するためのもの」と考えましょう。

弊社では毎朝、起立して「経営理念」「行動指針」を唱和するところから業務がスタートします。

◆エンジェル宅配の経営理念

【企業理念】

　私たち、エンジェル宅配は一人ひとりが夢を持ちお客様の喜びを追求し、人の心を、人生を豊かにすることに貢献します。


【経営理念】

　奉仕精神あふれる顧客ケア、日々の研鑽と実践、革新へのチャレンジにより、お客様に「安心」「楽しさ」「感動」を提供します！


【行動規範】

　私たちは、業界で一番！　お客様からの「ありがとう」が集まる会社を作ります。

　丁寧かつ確実な仕事をおこない、常にお

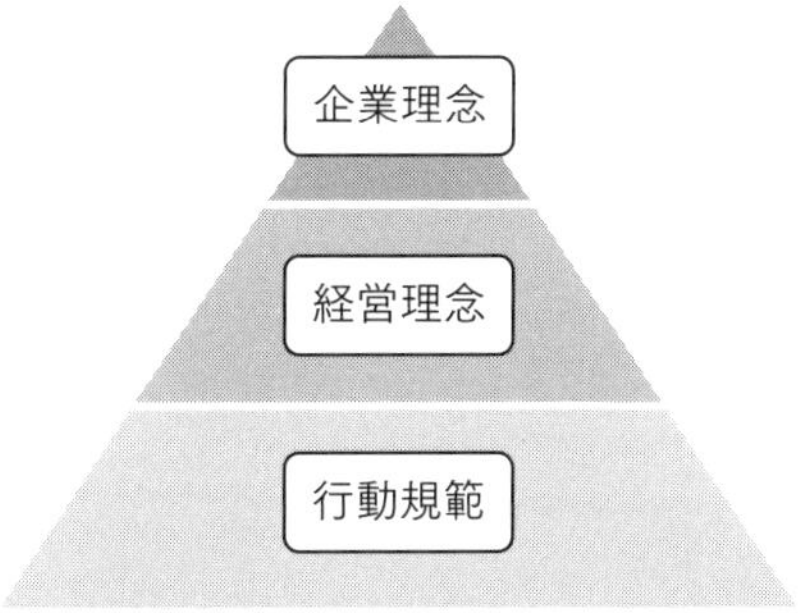

企業理念：企業の存在意義と事業領域を示し、企業として存在することの根本の目的を定義する

経営理念：企業理念を実現するために、どのような経営を実現すべきかを示す

行動規範：どのような社風を創造すべきか？企業が日々どのように考え、行動すべきかを示す

客様の声に耳を傾け、顧客の皆様の「感動」と「安心」を高めることに日々挑戦してまいります。

ポイント

経営理念は、「社員の意識を統一するためのもの」

社員が「行動指針」として意識できる内容になっていますか？

1-3 社長の夢を社員に伝える

「社員が何を考えているのかわからない」

「社員が本音を言っていない」

このように感じている経営者も多いのではないでしょうか？

たしかに、会社の経営者に対しては、表面的で差し障りのない意見や、心からの声ではない言葉しか伝えない社員もいるかもしれません。しかし、一緒に働いていれば、社員の本心は何となく伝わってくるものです。彼らの言葉が、表面だけのものか本心なのかを見極められるのが、経営者ではないでしょうか。

では、逆に社員の立場で考えたらどうでしょう。経営者が何を考えているのかわからない。経営者から自分がどう思われているのかわからない。そう感じている社員がいるかもしれません。

このように、お互いに相手の真意を測れないという関係性で仕事をしていると、よい関係は構築できません。何となくギクシャクし、仕事上必要なコミュニケーションさえ取りにくくなり、業務に支障が出るという結果につながります。

仕事をするために縁あって集まった社員に対して、お互いによくわかり合うことが一番大切だと、私は考えています。そのためには、社長・リーダーは何から始めればいいのでしょうか？

そこで私が取り組んだのは、朝礼の中で「〝社長の夢〟を何度も語り続ける」こと。もうひとつは、一緒に仕事をしながら「社員のことをわかろうと努力する」、この二つだけです。「こうなったらいいね！」「ああなったら素敵だね！」と、経営者がイメージしている会社のあり方を、日々みんなに伝えていくのです。社員をわくわくさせるような夢をリーダーが熱く語ることができたら、社員にも「一緒に頑張ってみよう」という気持ちが湧き上がってきます。

そうすると、社員は「この職場で、自分はどんな役割ができるのだろう?」と考えるようになり、それぞれが持つ夢や目標が膨らんでいきます。そして、夢や目標が見えてきたら、朝礼やミーティングの場で発表してもらいましょう。

その次は、社員たち個々の夢や目標が実現できるよう、日々の仕事の状況を見ながら承認し、サポートしていくことが、経営者・リーダーに求められる課題となります。

仕事に対して、高いモチベーションを維持できている会社では、

●離職率が低い
●仕事の生産性が上がる
●会社への愛着が深まる
●チームワークがよくなる
●士気が高まる

など、多くのメリットが生まれます。

「夢を実現するために、社長が私たち(社員)に意見を求めている。必要としてくれている」という社長の心が社員の心に響いてこそ、チームに「共感」が生まれ、同じ目標に向けてともに努力したいという気持ちが芽生えるのです。

イソップ童話の「3人のレンガ職人」というお話をご存じですか？　私は、経営者の先輩からこの寓話を教わりました。

ある旅人が町を歩いていると、3人のレンガ職人に出会います。

「何をしているのですか？」と問いかけると、

1人目は「レンガを積んでいる」と答えます（目的のない労役）。

2人目は「この仕事で家族を養っている」と答えます（生活費を稼ぐ目的）。

3人目は「歴史に残る偉大な大聖堂を造っている」と答えます（社会貢献が目的）。

社長と夢を共有し、その目的に向かって進んでいるわが社の社員たちは、まさに3人目のレンガ職人と同じ心持ちで仕事に取り組んでくれています。

「自分たちの力が、この会社には必要だ」と全社員が思ってくれた時のチーム力は、会社の強さに直結します。会社の目標、夢、方向性を社員に伝え、共感を得るということがどれほど大切か、おわかりでしょう。社員は何よりの応援者です。社員に感謝を伝え、経営者は社員のために何ができるかを常に考える姿勢が問われていると思います。

あなたは、「売上を上げる」という指示だけを、社員に投げかけていませんか？　経営者は、夢を語るとともに、

●どんな目的のために
●今、何をしているのか？
●それが、どのような社会貢献につながるのか？

を常に社員に示していくことが必要です。

ポイント

朝礼の中で、経営者・リーダーの〝夢〟を何度も語り続けよう！
社員のために何ができるかを考える姿勢が必要！

1-4 社風を伝える

「社風」とは何でしょう？

一言で表現すると、その会社が持つ雰囲気のことです。企業がその歴史の中で培ってきた文化や価値観を表わしています。

勤務していると、「社風が合う・合わない」ということが、従業員の間で話題になることがあるでしょう。日々の業務の中でも、感覚的に感じられるようになってくるし、退職を決断する大きな理由になることもあります。「社風」は、企業にとって重要な要素です。

では、「風通しのよい職場」とはどのような職場か、具体的にイメージしてみましょう。

- 人間関係が良好
- 自分の意見が言える
- 明るく、楽しさが感じられる
- コミュニケーションが取りやすい
- 窮屈さを感じない自由な雰囲気がある
- アットホームな雰囲気がある
- 体育会系の雰囲気がある

——など、いろいろと思いつきます。

私自身の経験をお話しすると、「体育会系の雰囲気」をとても苦手に感じる自分に向き合った時期がありました。当時、私が勤めていた会社は、体育会系の性格の人であれば、ぴったりと合う雰囲気に満ちていました。しかし、すべての人に体育会系気質があるわけではありません。体育会系ではない人にとっては、その雰囲気が苦痛になってしまうこともあるのです。

では、みんなに好まれやすそうな「アットフォームな雰囲気」はどうでしょうか。これもやはり、誰もが好むというわけにはいかないでしょう。冷静でビジネスライクな雰囲気を求めるタイプの人には、居心地が悪いと感じられることでしょう。職場の雰囲気や空気感の合う・合わないは、人によってさまざまです。

ですから、「いかに自社の社風に合う人材を採用するか」を、経営者は真剣に考えて教育していく必要があるのです。

〈よい社風にするために　STEP1〉

弊社は全スタッフをパート社員で雇用していますが、求人募集の際には、応募者の方が自分に合う会社かどうかを判断できるように、必ず自社サイトのURLを掲載し、面接の前に見ていただくようにお願いしています。

会社概要のページには、私自身の言葉で綴った代表挨拶と職場の外観、それに続いて、社員のプロフィールを顔写真つきでご紹介しています。ここを見れば、弊社のスタッフが全員女性であり、どのくらいの年代の方が働いているのかがわかるでしょう。そして、面接時には必ず、「弊社のサイトはご覧になりましたか？　感想をお聞かせください」と、面接に臨まれた気持ちをうかがっています。

時折、弊社のサイトを見ることなく面接に来られる方もいらっしゃいますが、その場合は、残念ながら採用を見送らせていただいています。

それは、自分に合う会社かを「調査する」ための行動を取ったかどうかを、入社の基準にしているからです。社風を理解しようとした上で入社を望む方には行動力が感じられるし、仕事を任せるにおいても安心できます。

〈よい社風にするために　ＳＴＥＰ２〉

新入社員として迎えてからは、企業理念と社風を理解してもらうために、最初にこのように伝えています。

「弊社の企業理念を見ていただくと、求められていることがわかりますよ。〝丁寧なおもてなし〟が感じられる接客が基本姿勢です。イメージとして、銀行の受付を念頭に置いて接客を行なっていただければ、と思います。そして、お客様から来たメールには24時間以内に返事をするようにしてくださいね」と理解してもらった後に「電話応対」を最初の課題としてやってもらいます。

私は、「社風は、その会社の電話応対に現われる」と考えています。電話の応対なんて、一見簡単な仕事のように思えるかもしれませんが、新入社員にとって、何より緊張する業務のひとつでしょう。会社の業務内容も充分に把握できていない状態ですから、ほとんどの方が電話応対を難題と感じ、受話器を取ることに躊躇します。そこで、新入社員が電話を受けるときは、

「はい。アールウェディング株式会社、エンジェル宅配新人の○○でございます！」

と出てくださいと指導しています。そして、相手から要件を聞いたら、「担当者に代わります」とお伝えして先輩に代わり、先輩が応対している内容を隣で聞いていてもらいます。

最初に新人であることを伝えるだけで、電話の相手は「この人は研修中なんだ」と状況を理解し、受け答えが多少たどたどしくても、大きな心で受け止めてくれます。また、電話の要件を聞いておくことで、どのような問い合わせが来ているのかを把握できるし、先輩の答

え方や応対の内容を知っておけば、このような質問にはどう答えればよいのかをイメージできます。

電話応対は、会社の窓口業務です。相手の表情や所作が見えない分、相手にはその会社の姿勢がダイレクトに伝わります。これが、「社風は電話応対に現われる」ということです。

あなたは、こんな経験をしたことはありませんか？

A社に電話をかけると、どの担当者が出てもこんな応対をされる……。

- 言葉遣いが丁寧さに欠ける
- 態度に、仕事を増やしたくないと思わせるような不誠実さを感じる
- いつも早々と電話を切られてしまう

電話応対は、会社の印象を左右します。ほんの少しの気配りと言葉遣いで、会社の印象はまったく違ってくるのです。ですから、「電話応対」は仕事をする上で、とりわけ大切だと私は考えています。

〈よい社風にするために　STEP3〉

あなたの会社では、社員がお客様の声を経営者にすべて伝えられていますか？　私の経験から、社長が自ら電話に出てお客様の声を拾う。こういった地道な作業が、思わぬアイデアの源や〝気づき〟を得るきっかけとなることがあります。

顧客と直接接するのは、社長ではなく社員であるという会社は多いことでしょう。このことを伝えたら、社長から怒られるかもしれないから、ここで留めておこう。このような考え方にならないような社風を作ることが必要です。

お客様の声は、会社全員に伝えて改善していくという風通しのよい社風を根づかせることは、チームワークの強化に向けた基盤づくりの最初の作業なのです。

ポイント

社風に合った人材を採用できるスキルを身につけよう！

風通しのよい社風を作ることは、お客様の声が上層部に届くことにつながります。これは、業績アップへの近道です！

1-5 顧客満足度より社員満足度を先に改善する

企業において、「顧客満足度（CS）を高めましょう！」という取り組みをお聞きになったことがあるでしょう。私が全日空に客室乗務員として勤務していた20年ほど前、朝のミーティングの議題として上がることが多かったのは、「顧客満足度（CS）を高めるにはどうしたらよいか？」というものでした。「顧客満足度（CS）」とは「Customer Satisfaction」の略で、提供された商品やサービスに対して顧客がどの程度満足したかを示す概念のことです。企業にとって、顧客満足度を高めることはとても重要だと思います。しかし、お客様のために何ができるかを考えて実行するのは、経営者ではなく社員です。社員自身がその会社に満足していなかったり、自社の仕事に誇りを持っていなかった場合、心からのサービスを顧客に提供できるでしょうか？

私は、会社経営19年目に突入しますが、ここに来てようやく気づいたのが、「顧客満足度（CS）」より「従業員満足度（ES＝Employee Satisfaction）」を先に高めるべきではないか？　ということです。従業員満足度を高めていくと、どのようなメリットが期待できるのでしょうか？

◆生産性が向上する

会社への満足度が高いと、自分の会社への愛着が湧き、会社に貢献しようという姿勢で働いてもらうことができます。積極的な業務改善提案から新しい企画の提案まで、すばらしいアイデアにあふれた会社になります。

◆従業員の定着が期待できる

何より、従業員満足度が高いと離職率が下がります。また、従業員の口コミによって会社の評判が上がり、従業員募集にも優秀な人材が集まるようになります。

経営者はすぐにでも、従業員満足度の高い会社づくりに着手すべきだと思います。

◆業績の向上

従業員に自分の会社への愛着が生まれると、お客様に対するサービスを研ぎ澄ませようという努力が見られるようになります。成果を上げる社員が正当に評価されれば、その意識はいっそう広がり強固になります。それに伴って、強いサービス力・高いブランド力を備える会社へと成長し、売上も自然と上昇していきます。

「従業員満足度を高める」ことの重要性がわかったところで、次に、どのように取り組んでいったらよいのかを考えていきましょう。ポイントは、大きく3つに分けられます。

◆ビジョン・理念への共感を促す

まずは社員全員に、会社のビジョンを明確に伝えることが必要です。社員全員が一致団結し、同じ方向を向いて仕事をすることが一番重要ですから、経営者は共感を生む話し方、表情、声のトーンに気を配ってください。社員の心にビジョンへの共感が生まれると、誰もがワクワクした気分で仕事ができるようになり、やりがいも生まれます。責任を持って仕事に取り組む社員の姿が見られるはずです。伝達力に磨きをかけていきたいものです。

◆社員が、ついて行きたいと思える経営者・リーダーになる

経営者やリーダーの行動は、社員のモチベーションに影響します。社員を承認していることを日々伝えながら、厳しく指導すべきところは指導する。このバランスが大切です。また、リーダーが一方的に話すのではなく、従業員満足度が高くなるような伝え方を心掛けることも大切です。

◆働きやすい環境を提供する

弊社は、全員がパート社員です。私も2児を育てる母であり、女性経営者でもあるということから、家庭で家事・育児を担っている女性の気持ちや立場もよく理解できます。そこで、次のような配慮を社の規定に組み込んでいます。

- 勤務時間は10時～16時（希望により残業、勤務時間切り上げも可）

●授業参観など、子供の学校行事を理由とする休み・早退・中抜けを認可
●子供の病気で受診の必要があるときは、遅刻の連絡で問題なし
●夏休みなど、子供の長期休みに合わせて休みがとれる
●不妊治療のスケジュールに合わせたシフトに対応

これらは、「各家庭の事情に合わせて出勤してもらえればいいですよ」という姿勢を表わしています。パート社員の声に耳を傾けていると、「子供が小さいと病気も多く、働きたくても会社の迷惑になりそうなので、再就職は勇気がいることだった」というニュアンスの発言に触れることがあります。安心して働ける環境が整っていることをわかってもらうには、たとえば求人のときに、このようなちょっとした配慮を伝えてあげるだけでいいのです。これで会社が回るのか？　という疑問をお持ちになるかもしれませんが、実際に運用してみると、驚くほどにまったく影響はありません。パート社員の間でお互い配慮しながら、また、経営者に相談しながらシフトを調整することで、うまく回っています。

２０１９年4月から、政府が掲げる「働き方改革」が本格的に始動しました。この中で特に注目されている女性の労働力向上には、子育てとのバランス配慮がカギとなります。「働きやすい環境を提供する」ことは、もっとも重要度の高い項目と言えるでしょう。

規模はさまざまですが、従業員が生き生きと働くための環境づくりを意識した取り組みを

している会社もあります。次に一例を挙げました。

- 食堂スペースや休憩コーナーの充実、おしゃれにリフォームしてリフレッシュ空間を創出
- 朝食を会社で用意して、従業員の健康管理に努める
- 妊活支援
- 認可外保育園を対象とした補助
- アイデアの採用ごとに報酬を付与

一緒に働いてくれる社員に対して、会社は何ができるのか。その姿勢が社員一人ひとりに伝わってこそ、「この会社のために力を注ぎたい」という気持ちが社員自身に芽生えるものだと思います。

ポイント

顧客満足度を向上させるには、その前に従業員の満足度を高めることが必要

従業員満足度が高まると、自然に売上もアップします！

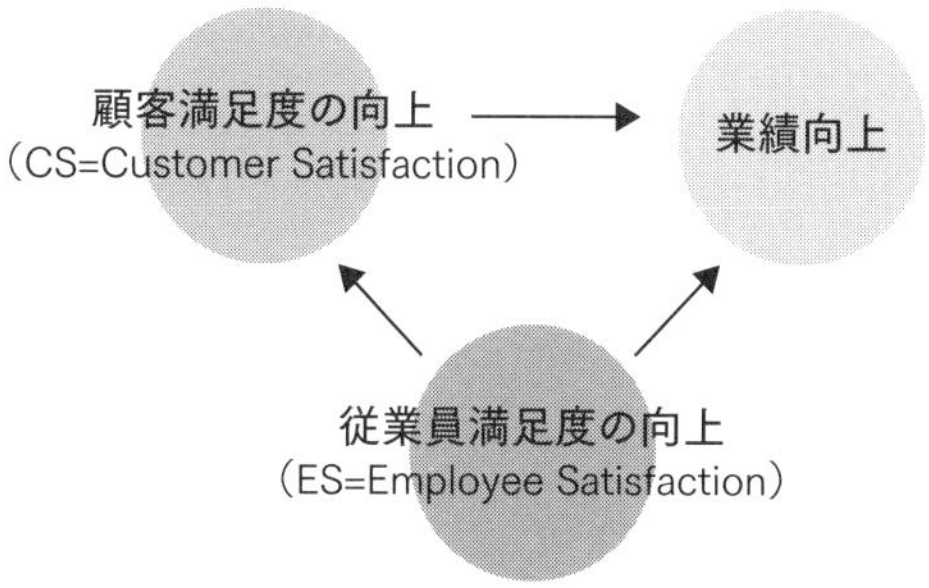

1-6 どんな朝礼が効果的？

会社を起ち上げ、人を雇用し始めた時期のこと。今でも時折、ある1日のこんなシーンが頭をよぎります。当時は、まだ社員2人の小さな組織でした。朝の朝礼をしたほうがいいということはわかっていましたが、何か恥ずかしさを覚えて躊躇していたのです。どう提案しようか……と悩んでいたある日、スタッフのNさんが、「朝礼をしたほうがいいのではないですか？　出社して、いきなり仕事をするよりいいと思うのです」と、私に声をかけてきました。その言葉をきっかけに、弊社の朝礼は始まりました。経営者としての資質に欠けていた自分が、なんとも情けなく、恥ずかしさを思い出します。それから私は、どのような朝礼がいいだろうかと試行錯誤してきました。

会社のカラーにより、さまざまな朝礼のスタイルがあると思います。あなたはどんな朝礼をしたいですか？　たとえば……

- 元気よく、活気にあふれる朝礼
- メリハリなく惰性で続けられている朝礼
- テキパキとした気持ちよい朝礼

朝礼も長く続けるうちに、いろいろな課題にぶつかるものです。

- 毎日同じことを繰り返してマンネリ化している
- 発言を求められることが負担になる
- 早く終わってほしいという社員の気持ちが、彼らの表情に表われている
- 朝礼に気だるげな雰囲気が漂っている

社員の性格は、一人ひとりさまざまです。なかには、人前で話すことが自分の一番苦手な分野だと認識している社員もいます。朝礼でスピーチの出番が回ってくるとわかっているため、その場をどう乗り切るかで出勤時から頭がいっぱい……という人もいるでしょう。

朝礼のスタイルのひとつに、「元気と活力が出る」タイプがあります。朝からテンションを上げて、モチベーションを上げるために大きな声を出したりするもので、導入している会社も多いようです。しかし、経営者の仲間から聞いたところでは、女性社員からの評判はよくないとのことです。さまざまなタイプの人がいる、という事実があります。半数の人には向いているけれど、半数の人には無理があるスタイルの朝礼では継続できないし、効果も薄れてしまうでしょう。

私は、全社員が負担と感じることなく、効果は2倍得られる朝礼をできないだろうか？と考え続けました。イメージする朝礼は、「アットホームな雰囲気で社員全員が笑顔であいさつし、自然に積極的な発言が飛び交う朝礼」です。無理に大きな声は出さなくても、朝礼

が終わったときにはみんなに、やる気とパワーが満ちあふれていると理想的ですね。
ここで、弊社の朝礼の流れをご紹介しましょう。

①経営者が進行係（1人）を指名
「おはようございます」
（社長よりの本日の言葉）
「本日の朝礼進行と書記を◯◯さんお願いします」
※あらかじめ準備しておいたノートに、簡単なメモをとってもらいます。
②進行係が経営理念の唱和を行なうリーダーを指名
進行係：「はい。おはようございます！　それでは、朝礼を始めます。起立！　◯◯さん、経営理念の唱和リーダーをお願いします」
③全員で経営理念・行動指針の唱和
唱和リーダー：「それでは、経営理念・行動指針の唱和を全員で行ないます」
〈全員で唱和〉
④倫理法人会発行の朝礼用冊子『職場の教養』を唱和リーダーが音読する
〈唱和リーダーより一言スピーチ〉
⑤伝達事項を共有する時間

進行係：書記のノート「昨日の欄」を確認し、伝達事項を共有

⑥感謝を生み出す時間

進行係：「昨日の業務で『よかったこと』はありませんか？」

⑦業務を研鑽する時間

進行係：「昨日の業務で『改善点の共有』はありませんか？」

⑧仕事の効率化を図るための時間

本日の仕事の段取りと内容の共有

⑨社長（幹部）より、本日の業務のリーダーとサブリーダーの指名

（弊社は全社員パート雇用ですが、毎日リーダーをローテーション制にすることで、全員に責任感が芽生えることにつながっています）

私が考える朝礼が生み出す成果には、次のようなものがあります。

◆プライベートから仕事への切り替え
◆全員でコミュニケーションする場の確保
◆自立と責任感の向上
◆チームワークの絆を強固にする
◆自己開示できる場を作り、風通しのよい会社にする

あなたの会社の朝礼はどのようなスタイルでしょうか？　朝礼のやり方が適切でないと、退職の原因になってしまうこともあります。少しでも、朝礼に違和感を感じる人がいるならば、すぐに改善してください。弊社では、朝礼に40分から長い時には1時間もの時間を費やすことがあります。経営者にとって、朝の1時間を朝礼に確保することは決断が必要ですが、この時間がないと考えると、私は逆に恐ろしくなります。出社して仕事をして退社する、社員の日々がただそれだけになってしまうようで、さみしさも感じます。仕事が始まればあわただしくなり、社員とゆっくり話す時間はないでしょう。朝の1時間で、何か困っていることはないか、体調は変わりないかといった社員の近況を確認し、雑談でコミュニケーションが図れるのであれば、効果は何物にも代えがたいと言えるのではないでしょうか。

私は、朝礼は「経営者の課題を社員が共有し、一緒に解決する場」と位置付けています。たとえば……「今はこんな企画を考えていますが、みんなはどう思いますか？　何でもよいのでコメントをください」というように。そうすると、10人いれば10通りの答えが返ってきます。弊社の社員は、みんなママ雇用のパート社員であり、主婦の視点での答えが集まりますから、まさに消費者の声です。また、その着眼点には驚かされます！　経営者は社員からの何通りもの回答を融合して、最善の決断をすることができるのです。

ポイント
みんなが自由に発言し、ワクワクするような朝礼になっていますか？
今一度、改善すべきところがないか考えましょう！

1-7 仕事の改善点をスタッフに聞く

社内での円滑なコミュニケーションを実現するためには、何がもっとも必要でしょうか。

私は、「仕事の問題点を社員に聞く」ことだと思います。

私は朝礼で、社員全員に「昨日の業務で改善できた部分はありましたか？　それはどんなことでしたか？」とたずねています。返答の中から、いくつか見てみましょう。


〈社員からの改善返答〉

●備品の注文をスムーズに行なえるように、在庫管理表を作りました。この表を使って全員で管理し、在庫切れの前に早めに注文できるように改善しました。

● パソコンのデスクトップにたくさんアイコンが並ぶので、一カ月に一度、縦2列にアイコンが収まるくらいに整理をするよう周知し、デスクトップ管理の改善に務めました。

● 掃除機のフィルターにゴミがたまると吸引力が下がるので、1週間に1回はフィルターを掃除したほうがよいと思います。掃除管理表に追加したので確認してください。

このように、小さな改善を毎日行なっていくことが重要です。

日々、業務が変化するため、パート社員のスタッフは1日休んで出社すると、浦島太郎状態になってしまわないか不安だ、という声も聞こえてくるくらい業務改善が頻繁に発生します。そこから誕生したのが「連絡ノート」です。日を空けて出社する全員が業務に迷わないようにと、あるスタッフからの提案がきっかけでした。

日々発生する改善点について、毎日の朝礼で進行担当者が1冊の連絡ノートに記録を残します。日中も、改善点が出てきたタイミングで、気づいた人がノートにメモを残しながら、業務を遂行していきます。

そして、翌日の朝礼で改めて、「昨日の業務改善では、このような内容が挙がっています」と全員に伝え、具体的に説明します。

ここで強調したいのは、ポイントは「改善点」という言葉を使う、ということです。朝礼で社員に「**問題点**はありますか？」とたずねるのと、「**改善点**はありますか？」とたずねるのでは、どちらが答えやすいでしょうか？

問題点と言われると、怒られないかな？　と発言をセーブしたい気持ちになりがちです。しかし、**改善点**と言われると、「問題点があったけれど、このような方法でよりよい方向へと仕事を改善できた」と、プラスの印象で報告できるわけです。このように、「改善したらうまくいった」ことを日々社員と共有し、社員全員が、常に未来の方向を向いていけるような空間を作り出すことが大切です。

私が、社内の朝礼の場でよく質問する項目をまとめてみました。

(1)　(〇〇は)どうしたら、よくなると思う？

たとえば、「ホームページにこのような新規ページを作りたいと企画を考えているが、写真やバナーの配置に悩んでいる。みんなだったら、どうしたらよくなると思う？」という質問を投げかけ、一人ひとりに意見を聞いていきます。

ミスや失敗にスポットを当てるのではなく、ひとつの課題に対して、未来をよくするためにはどうしたらよいか？　を全員で考えることは、社員のモチベーションを高めるのに有効な方法です。提案が採用されることも多分に発生しますから、提案した社員は、「自分の考えが会社で採用してもらえた」ことに喜びが感じられ、自信が深まります。この小さな自信の積み重ねが、人を成長させてくれるのです。

(2) 一番自信があって、好きだと感じられる仕事は何ですか？

このような質問を一人ひとりに答えてもらってみてください。さまざまな返答が返ってきます。「○○さんはこの仕事が好きなんだ」「○○さんはあの仕事に自信があるんだ」と、社員の向き不向きに対する気づきが得られます。また、社員の得意分野を上司が把握しておくと、仕事を割り振るときに、より向いている社員に任せることができ、生産性アップにつながります。

人は、自分が好きな分野について説明するとき、生き生きとするものです。ワクワクした空気を全員に伝染させる努力を日々欠かさないようにすると、会社の雰囲気が変化していきます。みんなの得意分野を全社員が理解したうえで、仕事をすることはとても重要です。

(3) スキルアップしたいこと、チャレンジしたい仕事はありますか？

弊社の業務には、電話応対、注文受付、メーカーへの手配、出荷伝票の準備、請求書作成、メール処理、出荷対応、梱包（段ボール）手配などがあり、さまざまなジャンルの仕事から成り立っています。その中でも、どの分野の仕事をしたいか、どんなスキルを上げたいのかを聞いておくことにより、時間的余裕が生じるたびに研修をすることができます。
研修の機会が得られると、社員は、自分を気にかけてくれているという上司の心遣いを実感できます。また、スキルを向上させたい分野で熟練した技術力を持つ先輩と組むことにより、高いスキルを持つ先輩に対して尊敬やあこがれの念が芽生え、より前向きな気持ちで仕事に取り組めるようになることでしょう。そうなれば、自然と社内のムードもよい方向に変化していきます。

「社員に仕事の改善点を聞く」という行動は、経営者と社員の間を調整する潤滑油のようなものだと思います。どんなことでも、話し合わなければ意思疎通は成り立ちません。

会社のため、経営者の○○さんのため、自分にできることをして貢献したいという意欲は、社員が会社・経営者を理解できたときに湧いてくるものです。一方、社員から理解が得られないままであれば、「決められた時間に出社して、一定時間働き、お給料をもらえたらそれでいい」といった考え方になっても無理はありません。

経営者が、社員に質問する時間を作ることの重要性を

理解するのは、非常に大切だと思います。

ポイント
問題点を聞くのではなく、改善点を社員に投げかける
1日にひとつは改善提案が上がってくるような職場を作ろう！

1-8 どうしたら「ワクワク社員」を採用できるか？

社員みんながやりがいを持ち、生き生きと働ける職場。

起業した当初、このようなイメージを想像しながら、社員を採用してきました。しかし、想像以上に採用は難しく、思う通りには進みません。これまでに何人の方と面接でお会いしてきたでしょう。思い返すと、200人くらいの方と面接を行ない、採用・不採用の決断をし、さまざまな失敗も経験してきました。採用したものの、すぐに辞めてしまったということも少なくありません。

しかし、5年ほど前から採用での失敗がなくなり、一度採用したパート社員は長く勤務してくれる会社へと生まれ変わりました。

「採用に失敗しなくなった」という事実は、社内をワクワクできる空間に変化させ、社員みんなに「ワクワク」が伝染していくというすばらしい連鎖を生み出しました。これが、ただ採用における無駄を省けるという以上に、非常に大きなメリットを会社にもたらしてくれたのです。

社員の立場で考えてみると、給料や賞与は重要です。しかし、給料が上がったその瞬間はうれしさと満足感をもたらしても、時間がたつとともに、その待遇が当たり前になっていきます。では、仕事に対してワクワクした気持ちを持つことができたらどうでしょうか。人は、仕事なり勉学なり、今自分が取り組むべきことにワクワクできてこそ、自分自身に対して大きな価値を感じられるのではないでしょうか？

ワクワクしながら勤務するためには、やりがいのある仕事であり、さらに、モチベーションの上がる職場であること。この部分が一番大きいように感じます。

私たちは――

●どこにも負けないすばらしいサービスを提供している

●プロフェッショナルな仕事に携わっている

●自分たちの意見を、会社が必要としてくれている
●社員全員が同じ気持ちで働ける空間がここにある！

このように感じられたとき、社員は大きな力を発揮してくれます。「会社と自分自身の双方に価値を感じられる。ここでなら、自分はどんどん成長していける」と思えるような職場にする必要があるのです。

そのためには、採用時の面接が非常に重要になります。私が、エンジェル宅配のスタッフを採用している面接方法についてご紹介しましょう。

弊社の面接は、来社前からスタートしています。面接希望者から、来社前に会社までの道順をたずねる電話がかかってくることはありませんか？　電話で説明してもうまく伝わらなかったり、社員がエントランスに出て面接希望者を待つ必要があったりと、不要に時間が取られたという経験は、どこの会社にもあるのではないでしょうか。

面接のために、来社前からこのような行動が発生する人物の場合、入社後はもっと時間を取られると考えておいていいでしょう。弊社では、まず、来社前に道順確認の電話を受けるという動作が入った時点で不採用の決断を下しています。

また、合否に関する私の判断は、最初に目が合った3秒で80%は決まっています。いわゆる第一印象ですが、この3秒ルールが外れたことはこれまでありません。第一印象の形成には、2秒でも事足りるかもしれません。たった数秒でも、実際にはかなりの情報が得られるものなのです。

たとえば、立ち居振る舞い、表情、姿勢、服装、髪型、声の出し方・話し方など……。最初に目が合った瞬間から3秒で、その人の性格や、これまでに培ってきたものが、感覚的に伝わってきます。

私は、この3秒間での判断が間違っていないかを確認する作業が面接だと思っているので、第一印象で「合格」を出した人ほど、面接に長い時間を使います。

弊社の面接で、私は次のようなポイントを見ています。

①一般常識が欠如していないか
②筋が一本通っている姿勢が感じられるか
③話す時の声のトーン・大きさ
④玄関で靴をぬぎ、スリッパに履き替えて面接デスクに来るまでのスピード
⑤荷物や上着の取り扱い方

⑥アイコンタクトをした上で着席しているか
⑦笑顔で相手の目を見て話せるか
⑧ハキハキとしているか
⑨履歴書を出す際の所作
⑩行動は機敏か
⑪会社の業務に対する興味関心の度合
⑫給料だけでなく、仕事へのモチベーションの度合
⑬これだけは誰にも負けないＰＲポイントがあるか
⑭面接の最後に〝一押しアピール〟があるか
⑮自分の条件ばかりを面接で確認していないか

これらをしっかりと見極めるために、面接に来た人の表情、服装、声、受け答えの内容に加えて、その人の持つ空気を肌で感じながら面接を行ないます（スタッフからは、このような採用方式を野口の「オーラ採用」と呼ばれています。

これまで、弊社が面接をした中には、履歴書に書かれた高い学歴と、第一印象3秒ルールのどちらを優先させるか悩んだ人もいました。しかし、一番大切なのは「一般常識がある

か」、次に重要なのが「自分に自信がある人であるか」という部分です。自分に自信がない人は声が小さく、目を合わせることができません。

現在、弊社では学歴採用を捨て、自分に自信がある人を採用するようにしています。そこで、自信の有無を判断するために、面接ではこのような質問をすることがあります。

●今まで一番頑張ったことは何ですか？
●これまでの経験から、これだけは人に負けないと思える部分は何ですか？
●この会社であなたの強みをどう生かせると思いますか？

その後、事務職希望の方には、弊社の顧客管理システムにご自身の住所、名前、電話番号などと、その他15件ほどの情報を口頭で伝えて入力してもらいます。入力が終了したら白紙に戻し、1回目に入力した内容を再度入力してカルテを完成させるという指示を与えます。その際、先に口頭で申し渡した情報を繰り返し伝えることはしません。

この工程では、入力スピードに加え、仕事を教えるのにどの程度の工数がかかるか、一度ですべてを理解しているかを見ています。仕事ができる人物かどうか、95％程度はこのテストで予測がつくのです。

出荷部門の勤務を希望された方には、20分ほどの間、スタッフと一緒に出荷作業に入ってもらいます。先輩たちが出した指示にしたがい作業してもらい、周囲のスタッフがストレスなく一緒に作業できる人物かどうかを判断します。

そして新人採用にも、経営者の私だけではなく、社員全員の意見を聞いています。面接自体も、社員が内容を見聞きできる部屋で行ない、面接が終わってから、面接を受けた人物についてどう思ったかを、率直に述べてもらっています。

ワクワク感あふれる会社をつくるには、採用が一番の要となります。小さな会社は、このような視点で採用の可否を決めていくことが成功の近道なのです。

ポイント

どんな面接を行なうとワクワク社員を採用することにつながるか？
もう一度、自社の採用方法を考えてみよう！

1-9 社員を信頼できているか？

チームワークを最大化させるための基本は信頼関係で、上司と社員の間でいかに信頼関係を築くかが大切になってきます。「信頼関係」と一言で言っても、これはとても難しいことだと思います。

私も過去を振り返ってみると、お客様からご注文いただいた仕事をミスなく確実に回すだけで精いっぱいの時期もありました。そんな中で、社員教育も急がなければならず、本当に苦しく感じた時代の記憶がよみがえります。

当時は、私にできるのだから、社員も一所懸命やればできるはず、という考えで仕事に携わっていたため、一緒に働いていた社員を苦境に立たせてしまっていたこともあったと思います。思い返せば、「信頼」という気持ちが不足していたのが一番の原因だったと感じています。経営者が、自分だけ一所懸命になっているという状況では、何となく寂しさも感じるし、第一に楽しくありませんでした。

売上も重要だけれど、何より社員全員が一致団結し、同じ夢に向かって仕事に取り組める一体感（チーム力）が欲しい。私は常々そう願い、その解決までには長い年月がかかりました。

今、私が本書の執筆をしているのは、同じ悩みに直面している経営者のお役に立ちたいという思いからです。あの悩み深い時代があったからこそ、今の自分がいるのだと思います。

では、経営者として社員から尊敬され、信頼されれば、この悩みは解決するのでしょうか？　それ以上に大切なのは、経営者は「社員が一緒に動きたくなるような人」であり続けなければならない、ということです。

私は社員から、「野口さん（社長）が、会社で一番頑張っているから、私は役に立ちたいと思うのです」と声をかけてもらったことがあります。「誰かを助けたい！　誰かの役に立ちたい！」という気持ちを起こさせることが、一番重要だと気づいたのは、その時です。

周りからの支援を得るために必要なのは、誰よりも経営者が「努力」を継続している姿勢を見せることです。その努力が、一時的なものであっては効果がありません。常に前向きに、何かに積極的にチャレンジしている姿勢を見せ続けることが、一番効果的なのです。実際のところ、これを実現するのはたやすくはありません。しかし、厳しくてもこの姿勢だけは崩さない経営を私は継続しています。それは、経営者としての宿命だと考えています。

冒頭でも触れましたが、もうひとつの大切な要素が、経営者・リーダーが社員を信頼するということです。

「上司から認めてもらっている」「自分をよく理解し信頼してくれている」

このような気持ちは、安心感につながります。

安心感があれば、次はこうしてみようか、あれを試してみようか？　と常にチャレンジする姿勢に変化していきます。

私は縁があり弊社に入社してくれた社員に対し、「無限の可能性を持った人材」であると、心から信頼しています。

日常のコミュニケーションにおいては、雑談の中からその人の趣味や得意を知る努力をして、スタッフが何にやりがいを感じているのかを把握し、得意分野の仕事を任せるなど、メンバー個々の「人」と「その能力」を知ることを大切にしています。

今日は、ちょっと元気がなさそうだな。何かあったのかな？　といった些細な空気にも敏感になり、個々に対応していく姿勢で社員と向き合っていくと、何でも言いやすい雰囲気に社内が変化していきます。この「何でも言いやすい」雰囲気が仕事にもよい影響を与え、効果を発揮してくれます。

ある日の出来事です。

朝のミーティングで、「何かおもしろいことをYouTubeにアップしてみたら、楽しいことをしている会社だという話題づくりにならないかな？」と社員に問いかけてみました。そうすると、50代の女性社員Aさんが、「お姫様ドレスを着て、商品を紹介してみるのはどうでしょう？」と発言してくれました。「えっ！　そんなことまでチャレンジしてくれるの？」と私が驚くと、別の社員Bさんが、「子供の運動会なんかで動画を撮影するのが得意なので、私、撮影はできますよ」と、またそれに対してCさんも、「動画の編集は私ができます」と続いてくれたのです。

経営者の私は、「社員がこんなことをしたい！」という気持ちになってくれているその状況にうれしくなり、「やってみよう！」と即答していました。

この時に作成した動画は、「50代の結婚にあこがれている独身ハピ姫。結婚が決まる前から引き出物選びを妄想している」というストーリーで撮影を行ないました。

この動画は、弊社が展開している情報サイト【ハピタク】〈https://hapitaku.jp/〉に掲載されていますので、ぜひご覧になってみてください。

この事例を振り返ってみると、チームの力を発揮できる一番のベースは「経営者・リーダーから信頼されている」という感覚が社員に根づいていることにあり、それが、このようなユニークな提案に結びついたことがわかります。場の空気が他の社員に伝染し、私たちにも何かできることはないだろうか？　というやる気とモチベーションアップにつながっていったのでしょう。

経営者と社員Aさん、経営者と社員Bさん、経営者と社員Cさん……と、経営者と個々の社員の間で信頼関係ができ上がってくると、今度はAさん、Bさん、Cさん……と社員同士の横のつながりが自然に連鎖していき、強固な絆ができ上がります。この強固な絆をもつチームが生み出す威力は、会社にすばらしい奇跡を生んでくれます。今では、一人ひとりのスタッフから、いろいろな提案が私に届くようになりました。

私は、いつも会社で、

「こんな感じの企画を立てられたらいいと思わない？」

「こんなことをしたいけれど、よいアイデアはある？」

「これは、どっちがいいと思う？」

「こんな流れになったら素敵だよね！」

「こんなことをしたらどうなるかな？」

――などなど、私の経営者としての熱い想いや考えていることを社員に伝えているだけです。しかし、この問いかけが、社員を巻き込んでいく源泉になっているのだと思います。

社員に聞いたところでよい答えは返ってこない、と思ってはいませんか？　最初はうまくいかなくても、「社員を信頼して聞いてみる」ことを継続してみてください。あきらめず継続するうちに、社内の空気の変化を感じられる日がきっと来るでしょう。

ポイント

社員を信頼し、何でも相談してみよう！
継続することで素敵な世界が見えてくるでしょう

1-10 チームの中で何ができるのかを考えてもらう

弊社にも、新入社員が入ってくる時期があります。モチベーションとチーム力が高い先輩メンバーの中に突然飛び込む環境になった新入社員を見ていると、仕事ができる先輩たちに驚き、頭が真っ白になるというシーンを見かけることがあります。そんなとき、経営者は「早くみんなと同じレベルに到達してほしい。そのためには、どう教育したらよいだろう?」という悩みに直面します。

仕事ができる社員へと成長してもらうには、業務の指導も大切ですが、何より必要なのは、「チームの中で自分に何ができるか?」を真剣に考えられるように育てることが重要と考えています。

弊社では、新人教育において、左記の項目ができるようになることをめざして、フォローしています。

①アイコンタクトをして挨拶する
②朝の朝礼では、一言声を出してもらう。プライベートなことでもOK
③社内での会話を大切に（新入社員が話せるような気配り）

④作業に取りかかる前に、これから行なう内容を声に出して周囲（特にリーダー）に伝えるようにする
⑤その日の目標を設定する（1日ごとに設定）
⑥自分が好きな仕事の分野を知る
⑦自分は何ができるかを考える
⑧質問をどんどんする

項目①〜⑧を実践しながら日々の業務を遂行していると、先輩たちの強固なチーム力に牽引され、「このチームの中で私は何ができるのか？」を自問自答するようになります。

しかし、白紙の状態である新入社員を「強固な絆を持つチームとして完成したメンバー」の中に巻き込んでいくのは、時間と労力のかかる作業であることも事実です。

私は、仕事ができる社員になるために重要なのは、「自分が思っていること・感じていることを周囲に向けて声に出して伝えること」ではないかと考えています。

そのため、最初は「笑顔でアイコンタクトできるようになる」という課題をクリアしてもらい、次に黙って仕事をするのではなく、質問する回数を増やしていくように指導します。

日常的なささいな業務、たとえば、

●FAXが届いています。こちらに置いておきます。
●今から、○○○の作業に入ります
●今、○○の仕事が終わりました。次は何をしましょうか？
●郵便物が届いていました。こちらに置いてあります。
——など、まずは自分の行動をすべて口に出して周囲に伝える、という行動を実践してもらいます。

相手に気を遣っている間は、なかなか仕事ができるようにはなりません。距離間が縮まれば会話が楽しめるようになり、仕事もしやすくなります。そのためには、社員同士のコミュニケーション量を増やす必要があるのです。

私は「この会社では業務に関する質問は何回してもかまいません。同じことでも、何度聞いてもいいですよ」と伝えています。「3秒悩んだら、すぐに聞いてください」という姿勢で新入社員に接しているので、質問を受けた先輩も快く受けることを理解しています。

「悩んだらすぐに聞く」ことを指導することは、一見何かがおかしいような気もします。しかし、なぜ推奨していると思いますか？

それは、「質問できる人は仕事ができる人」だということです。逆に、質問をしない人は「仕事ができない人」だと感じています。

会社で、よくあるシーンを例に挙げてみましょう。

上司から、「資料請求があったお客様に資料をお届けしたいから、〇〇を作っておいてね」と言われ、新入社員が「はい、わかりました」と答えたとします。

一見、それですむようなやりとりに感じられるかもしれません。しかし、仕事ができる人からは、この後続けて、「何部必要ですか？」「何時までに仕上げたらよいですか？」など、さまざまな質問が返ってきます。

質問できるということは、先のことを考えられる証拠なのです。作業に無駄がなく効率よく進められ、その結果、仕事も早くなります。

このように、社員の「質問力」に磨きをかけることは、業務をスムーズに進めるという点でとても大切です。

新入社員が入ってくると、私はよくこんなことを伝えています。「いろんな先輩に同じ質問をしてみてください。先輩たちには、各々やり方があるかもしれません。その中で自分が一番効率がよいと感じたやり方を真似してくださいね」と。

「遠慮なく質問できる」という壁を突破すると、新入社員は自ら上司・先輩・同僚たちに対して気軽に話しかけられるようになり、社内の人間関係において縦と横がバランスよくつながっていきます。そうなると心が安定し、「安心感」が心の中に芽生えることで、ようやく

「組織・チームに対して自分には何ができるのか？」を考えられるようになります。つまり、「自分から動く」が実践できるようになるのです。

●チームのためにどう動いたらよいかを考えて実践する
●周囲の手が回らないでいる仕事を片付ける
●いつも笑顔で接する

こんな小さなところからのアクションでよいのです。そうすると、周りからの反応が「承認」として返ってきます。小さなアクションでも、周囲はきちんと見ているし、「チームに貢献したい」「みんなを喜ばせたい」という想いは、相手にも伝わります。承認が返ってくると、さらに会話も生まれ、居心地がよくなります。

「チームの中で、自分には何ができるのか？」

この思考の積み重ねが周囲との関係性をよくし、強い絆を生むのです。

あなたの会社では、上司に質問がしやすい環境作りができていますか？　社員からの質問が少ないと感じているなら、社内環境を見直してみてください。

ポイント

何でも質問できる雰囲気を作ろう！

コミュニケーションの量を増やすと、自然に「チームのために何ができるか？」を考える姿勢が芽生える。

2章 生き生きとしたチームを作るために

2-1 適材適所の人事を行なう必要性

生産性の上がる仕事環境を構築するためには、適材適所の人事配置を行なう必要がありま す。十人十色、みんな顔も性格も異なるように、得意な分野もさまざまです。適材適所の人事配置ができれば、いろいろな効果が生まれます。部署に合ったスキルを持つ人材を採用するのはもちろんですが、私は、採用後の見極めも大切と考えています。一緒に仕事をしながら、雑談の中から、仕事だけではなく、プライベートの趣味や特技を知る努力をしています。

実例をご紹介しましょう。

〈ある日のBさんとの会話〉

社長（野口）：卒業のシーズンだね。

Bさん：そうなんです。先日、私の娘も保育園を卒園しました。卒園式の様子をDVDにして、先生と保護者のみなさんにお渡ししたら喜ばれましたよ。

社長（野口）：4月から小学生か、おめでとう。入社したときは、お子さん3歳だったのに早いね！　卒園式のDVDを作成したということは、動画編集もできるんだね。それは、喜ばれたでしょう。すごい！

何気ない日常会話の一部ですが、Bさんは卒園式の模様を撮影し、その動画をDVDにしたことがわかります。その気づきから、私はある日、「社内の様子をビデオ撮影して、動画をYouTubeにアップしてみたい」と提案し、そのリーダーにBさんを指名しました。機材の準備などに少し時間がかかりましたが、準備が整うと撮影は1日で終わり、翌日には編集に着手し、数日後にはYouTubeにアップするという成果が生まれました。

これまで、クオリティーの高い動画を作るなら、業者に依頼するほうが合理的と考えていたのですが、業務をよく知る社員の視点で撮影した動画はストーリー性がすばらしく、感心しました。外部のアドバイスなしに、社員のみで企画・構成し、ひとつのすばらしい作品を仕上げられた体験に、私は胸がいっぱいになりました。

心からの感謝をBさんに伝えたとき、Bさんのモチベーションの向上が見てとれましたが、それとともに、周囲にも影響がありました。「こんなにも、会社に貢献している社員がいる。私にも何かできることはないだろうか？」と、さらに一人ひとりの社員が考えるようになったのです。モチベーションの高さは、周囲に伝染していきます。

このように、経営者は誰にどんな仕事をお願いしたら、モチベーションを高めることにつながり、よりよいチームになるだろうか？　と考えながら、適材適所の配置を行なうことが重要です。

私は、今でも出荷作業の手伝いに入り、社員と雑談しながら会話を楽しんでいます。どんなことを思いながら仕事をしているのか、プライベートでは何に興味があるのか、そんな時間を社員と共有することで、気づきが得られます。雑談をしていると、各々の社員がどんな仕事を一番得意として好んでいるのか、ということもわかります。

「どんな仕事が一番好き？」と軽く聞いてみてもいいでしょう。一度、ぜひたずねてみてください。見事にさまざまな返事が返ってきます。繁忙期など、業務を効率的に回す必要があるときに、各々のスタッフの得意分野を把握して依頼すると、生産性が2倍、3倍にも上がるすばらしい仕事をしてくれます。

また、この適材適所は勤務期間によって当然変化していくものと考えています。弊社では、得意分野の仕事を極めた社員には、その分野が苦手な社員を教育してもらっています。自分の知識・スキルを教える（アウトプット）ことで、さらなる成長が期待できます。そして、その社員が、次の分野の仕事を学んで極めたら、また別の社員にアウトプットして教育してもらう。この繰り返しにより、全業務を遂行できるように指導しています。

言ってしまえば、適材適所は社員の経験値で変化するものなのです。さまざまな仕事を経験し、成功や失敗を繰り返す中で、社員は自分の適性を把握し、やりがいを見出していくようになります。

そして、勤務経験・年数によって、目標は変化していかなければなりません。その状況により、経営者・リーダーは一人ひとりの社員をよく理解しながら、各々の適材適所を判断していくべきでしょう。この適材適所がうまく稼働すると、「コスト削減」「社員の定着率アップ」という付属効果が生まれます。

◆コスト削減の効果

適材適所の社員配置がなされず、これまで60%の力しか発揮できていなかった職場の場合、残りの40%は、他の社員でカバーをしていることになります。ひとつの仕事をこなすのに、2人の力を使っていたら、人件費の増加は避けられません。人件費の削減は、一人ひとりが100%の仕事をして、無駄をなくすことで実現します。

◆社員の定着率アップ効果

社員の立場から見たとき、適材適所で仕事をすることで、ほめられる＝承認される経験が増え、自分が必要とされているという感覚がたしかなものになっていきます。その結果、モチベーションややる気がアップし、「この職場では好きな仕事ができる。自分自身を高められる、価値のある職場だ」と思えるようになります。この、会社への信頼、思いが芽生えると、社員の定着率はぐんと上がります。

一方、適性がない仕事をし続けていると、承認される機会は少なく、それどころか、注意されたり叱られることも多くなるでしょう。すると自信はさらになくなり、「好きでもない仕事をさせられている」という気持ちが蓄積され、遂には離職を決断するということにもつながります。

出会いを得て、社員として迎えて育ててきた社員が、会社に失望して離れてしまうような結果は、ぜひとも避けたいはずです。そのために、適材適所の人事配置を真剣に考える必要性があるのです。

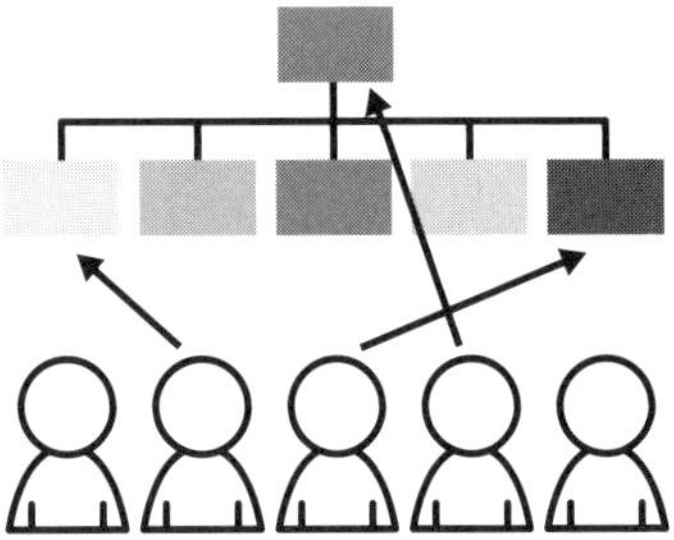

ポイント

社員との会話、雑談の中から得意分野を見極めよう!

適材適所の配置には「社員のプライベートも知る」コミュニケーションが必要です

2-2 パート社員の勤務時間と雇用について

私は現在、中学3年と高校2年の娘2人を育てながら会社を経営しています。2人とも幼い頃に比べると、各段に手はかからなくなりましたが、母親の悩み、主婦の悩みは子供の成長過程で、そのつど変化していくものです。仕事と家事を両立するには、かなり効率よく主婦業を回していかなければ、生活が成り立ちません。

ここで、主婦の1日の仕事をイメージしてみましょう。

- お弁当作り
- 朝食の準備、片付け
- 保育園へのお預け、小学生・中学生の送り出し
- 掃除、洗濯、片付け
- 保育園へのお迎え
- 夕食の買い出し、食事の支度、片付け
- 洗濯ものの取り込み、後片付け
- 子供の入浴、着替え、就寝の支度
- 学校からの連絡事項の確認と記入

●明日の準備

この他、学校行事として授業参観、保護者会、運動会などへの参加もあり、夏休み・冬休みともなると、主婦の仕事は一気に増大します。パート雇用で時短勤務だとしても、仕事と家庭を滞りなく両立させ続けるのは、とても労力のいることだと思います。

現在、弊社に勤務しているパート社員に話を聞いてみると、仕事を始めることに対して、このような悩みがあったそうです。

●子供が病気になった時、会社に迷惑をかけずにいられるか？
●学校行事を理由に、お休みがもらえるものか？
●夏休みや冬休みは、少し長いお休みを取れるか？
●子供に負担がかからないようにしたい
●前職からブランクがあるので、実力が通用するか心配
●家族の協力が得られるだろうか？
●パートでは、補助的な仕事しかさせてもらえないのでは……

弊社では、優秀ながら右記のような理由で再就職を躊躇している女性を採用したいと考え、ハローワークに子育て応援求人を出しています。また、そういった女性が弊社に興味を

持ってくれるように、募集要項には左記のような条件と文言を入れています。

- 出勤時間10時〜16時（※終了時間は相談可能）
- 週3〜4日勤務
- タッチタイピングができる方
- 学校行事・授業参観、子供の急病などでのお休み可能
- アットホームな職場です。親身に指導を行ないますのでご安心ください

さらに、パートにも長期と短期の2種類の雇用形態を用意しています。長期パート社員は、週3〜4日出勤で年間を通じての勤務、短期のパート社員は、3月〜5月と9月〜11月の合計6カ月間の勤務となります（残りの6カ月はオフ期間です）。

短期パートであれば、仕事を休まず夏休み・冬休みは家庭にしっかり入れることになります。弊社にとっても、7月、8月、12月、1月はウェディングのオフシーズンに当たるため、この2パターンの雇用体制は、会社の状況に合わせた採用ができるというメリットがあるのです。短期と長期のどちらで募集をかけるとバランスがよいかを考えながら、毎回採用を行なっています。

全員パート社員の弊社では、勤務時間帯も16時で業務終了、17時30分まで業務可能などさまざまです。そのため、ひとつのカレンダーに「当日の仕事量」と「出勤する人の名前」が書き込めるようにして管理しています。「この日は、仕事量に対して人が足りていないからたいへんそう」「この日は、仕事量がそうでもない」というのが一目でわかるようにしていると、お互いに声をかけ合いながらシフトを調整して、仕事が回る人数になるように配慮してくれます。

また、パート社員たちが自主的に作ったＬＩＮＥのグループで、休みを取りたい時は誰かと交代してもらうなどの調整をしてくれています。このように、仕事量と人数のバランスを見て調整してくれるため、早退や途中出勤が日常的にあっても、私は問題を感じたことがまったくありません。

お互いに、困った時は助け合おうという思いやりの気持ちと、チームを回していくために自分たちで積極的に動こうとする姿勢が、社員全員にしっかりと根づいているのだと思います。

私どものカラーは、来社される取引先の方々にもわかるようで、営業担当の方などから、「すばらしい社員さんばかりですね」、「来るたびに、パワーアップしているなと感じます。

チーム力がすごいですね！」

と、うれしいお言葉をよくいただきます。パート社員が、正社員と同等、もしくはそれ以上の高いモチベーションで仕事に取り組んでいる証でしょう。

パート社員にはメインで仕事を任せられない、時短で残業不可では、いい仕事をするのは難しい――と考えている経営者は多いかもしれません。けれども、問題は雇用形態ではありません。モチベーションの高いパート社員を育てる仕組みづくりが重要なのです。この仕組みができ上がると、経営者と変わらない感覚値で仕事に臨んでくれるようになります。結婚や出産で退職した20代～30代の主婦層には、ブランクがあっても期間は短く、かつ能力は高いという方が大勢います。「条件がこうだったら働けるのに！」と、応募を諦める方も少なくありません。彼女たちの再就職への一歩を妨げる問題を解決する企業には、優秀な人材がきっと集まることでしょう。

ポイント

パート社員の雇用形態を、彼らの立場になり考えてみよう！モチベーションが高まる組織づくりができれば、正社員・パート

2-3 社内空間の改善（BGM・15時のおやつタイム）

朝、出社してから退社するまでの間、社員はさまざまな業務に携る中で、いろいろなことを感じたり考えたりしながら仕事をしていることでしょう。従業員のやる気を日々向上させるには、すべての社員が居心地よく感じられるように、オフィス環境を整えることが必要だと思います。その取り組みのひとつとしておすすめしたいのが、社内にBGMを取り入れることです。

弊社は、結婚式に関わる事業をしているため、ウェディングソングのオルゴールCDを社内BGMとして採用し、1枚のCDをリピートモードに設定して使用しています。音楽の種類が変化すると、集中力が下がることもありますが、リピート再生ならBGMのある環境に慣れやすく、耳障りに感じることもなくなります。

アットホームな職場を作りたくて、何気なく導入したBGMですが、音楽には作業時の集中力を高める効果があることが、近年の研究で明らかになっているそうです。無音の状態では、キーボードを叩く音や物を扱う時の雑音などが鮮明に聞こえ、作業中の雰囲気は固く張り詰めたものになってしまうことでしょう。そのシーンとした気詰まりな雰囲気を音楽でカバーして、居心地のよい空間を作り上げられたら、集中力はぐっと上がります。BGMの導入という簡単なことで、社員の集中力がアップするのですから、すぐにでも実践してみるべき取り組みだと私は思います。

先日、友人が経営する会社に行ったところ、終業時間の30分前に「さようなら、また明日！」という終業メッセージがBGMとともに流れてきました。社員は、これを聞いて後片付けに入り、30分後には「本日の業務終了」となります。残業なしで早く社員に帰ってもらえるように配慮しているとのことでした。

それまで私は、音楽の効果＝癒しと捉えていたのですが、この時、BGM（音楽）には行動を誘導する効果があることに気がつきました。実際、音楽の行動誘導効果に着目した終業○分前のBGMが、残業時間の削減につながったという話も多く聞いています。

弊社では、業務終了1時間30分ほど前から30分おきに、

- 業務終了1時間30分前です
- 業務終了1時間前です
- 業務終了30分前です

というタイムベルを設定し、残り時間を全員に知らせています。集中しすぎると、作業中の仕事をあとどのくらいの時間で終わらせなければならないか、に気づけないこともあるので、ＢＧＭやタイマーベルを上手に使いながら、マネジメントを行なうのもよい方法でしょう。

ＢＧＭには次のような効果があります。

1. マスキング効果

オフィスでの作業中に、気になる音としてキーボードの音、会議室から漏れる声、電話の声などがあり、これらの音が原因でうつ病になる人もいるそうです。ＢＧＭには、これら「雑音」「騒音」を音楽でマスキングする効果があり、オフィス内の雑音を中和して業務に集中できる環境を保つと言われています。

2. セラピー効果

音楽療法（ミュージックセラピー）という言葉を聞いたことはありませんか？ ストレスなどによる心身障害の回復や機能の維持改善、痛みの緩和、生活の質の向上を図ることを目的に音楽を用いる療法で、認知症や緩和ケアなどの医療現場で取り入れられることも増えているといいます。音楽にはリラックスを促し、ストレスを軽減する他、心拍数の安定、集中力アップ、免疫力の向上などの効果もあるという研究結果も出されています。

3. 感情をコントロールする効果（コミュニケーションの円滑化）

ホテルで優雅なＢＧＭを耳にして、何となくリッチな気分に浸った経験はありませんか？ゆったりした音楽を聞くと、心に余裕が生まれやすくなります。

これを、職場に置き換えて考えてみてください。ＢＧＭが流れていると、周囲に気遣うことなく、自然と会話がしやすい雰囲気が生まれます。また、スーパーなどの閉店時間に流れることの多い「蛍の光」を耳にした時、早く買い物をすませて帰らなければ、という気持ちになりますね。音楽での行動誘導は、スーパーや図書館などの身近なシーンで日常的・常識的に導入されているのです。

社内空間の改善策として、もうひとつ私が毎日取り組んでいることをご紹介します。

弊社では15時を目安に、そろそろ社員が疲れてきたかなというタイミングで、「おやつタイム」を作っています。最初は、息つく暇もなく働いてくれる社員を見て、「少し休憩をしていいよ」と声がけをしていましたが、仕事が忙しすぎて、休憩しようとしないのです。全員が自然と休憩に入ることのできる時間が必要だと感じて思いついたのが、15時にアイスクリームを配るということでした。１箱に数本入っているアイスクリームで、高級なものではありませんが、仕事途中で一人ひとりに配っていくと、みんなとても喜んでくれます。

お菓子と一緒に、「今日も、頑張ろうね！」という気持ちを、一人ひとりに伝える心配りが「癒やしの空間」と「コミュニケーション」を自然と生み出し、日々のちょっとした配慮が、社員の会社に対する愛着を深めてくれるのです。

●月に1回、おいしいスイーツをお取り寄せして食べる

●社員の誕生月に、みんなでケーキを食べてお祝いする日をつくる

など、経営スタイルに合わせていろいろな取り組みができると思います。

「働き方改革」が注目を集める今、おやつコミュニケーションで、従業員満足度と生産性の向上に取り組んでみませんか？

ポイント

BGMで癒しの空間を

気配りは心配り。15時には手渡しのスイーツで感謝を伝えてみよう！

2-4 社長に何でも言いやすい環境を作る

「社員の間の関係性はうまくいっているだろうか」

「部下と、仕事だけでなく打ち解けた会話ができているだろうか」

「上司や同僚・後輩に、何でも相談できる雰囲気があるだろうか」

経営者、リーダーであれば、こんなことを考える機会が時折あるのではないでしょうか。

私は、このような課題にぶつかったとき、自分自身が新入社員として初めて仕事をした日々を思い返すようにしています。

私自身の体験を振り返ると……先輩に質問を重ねるばかりの毎日。仕事ができない自分が惨めになり、社員寮に戻ってから、毎晩悔し涙を流していました。また、仕事を覚えることで精いっぱいで、人間関係が良好なのかどうなのかもよくわかっていない状況でした。今思うと、チーム力、団結力とはほど遠い状況で仕事をしていたように思います。新入社員はまず、このような状況の下で業務を覚えるという試練と戦うことになります。

私は、「新入社員に合わせた環境づくり」を第一に考えれば、社員の誰もが、何でも発言しやすい環境が自然にでき上がるものと考えています。

では、実際にどうしたら社員が何でも言いやすい雰囲気ができ上がるのでしょうか？

弊社では、無口な性格の新入社員Cさんが、どのくらいの期間で積極的に発言できる人材へと成長できるかを、「20分の承認タイム」というワークを通して見守っていた時期があります。具体的には次のような手順で進めます。

〈1日に20分の承認タイムの実践〉

①リーダーを1人決める（ほめることが上手な人が適任）

②20分程度の時間をとる

③少人数（5～6人）が理想的

④テーマは何でもよい

- 前日の業務でうれしかったこと
- 業務で相手に喜んでもらえたこと
- 勉強になったこと
- プライベートであったうれしい出来事　etc

⑤一人ひとり、話が終わるたびに拍手する

質問：昨日の仕事でよかったと感じたことはありますか？

Aさん：入社したばかりのCさんが、広い視野で自分がやるべきことに率先して取り組んでいる一所懸命な姿に好感が持てました。

Bさん：すごいですね！　仕事がどんどんできるようになっている証拠ですね。Cさんの積極的で頑張っている姿は、先輩の私達の刺激にもなっています。これからも期待しています。

〈みんなで拍手〉

このワークは、「聞く」「話す」「ほめる」の3要素で成り立っています。話を聞くことは、一緒に働くメンバーのよい部分を知り、お互いを認め合うことにつながります。また、短時間で話す内容をまとめて発表するという訓練を日々実践することで、発言のスキルはどんどん向上します。それは、日常においても意見が言いやすくなるという、わかりやすい形で効果を感じられるでしょう。そして、話した後に拍手をもらえることで、発表してよかったと肯定感を得られ、自信が持てます。

ワークを始めても、しばらくの間は何も変化がないように思えるかもしれません。しかし、一見わからない部分で少しずつ変化は起こっています。まずは半年、継続してみてください。ある日突然、自分が変わった！　と思える瞬間を体感できると思います。このワークにたしかな効果があることは、弊社での取り組みで実証されています。

このようなワークを、朝の朝礼時に20分取り入れるだけで、

①発言することが苦痛でなくなる

②発言が喜ばれることを体験する　ことになります。

このワークの継続は、どんな小さな声でも経営者やリーダーにまで届く仕組みづくりにつながります。そうすると、生き生きとしたパワーあふれる職場へと変わっていきます。社員の小さな声がヒット商品につながることもあるのです。私は、どんな情報でも、躊躇せずに私のところにまで上げてほしいと、日々社員に伝えています。

〈弊社のパート社員より届いた声〉

- 資料請求に、手書きのニュースレターを同梱してはどうか？
- 話題になっているこの商品を、引出物として提案できないか？
- ホームページのこの部分が伝わりにくいので、このように変えてみてはどうか？
- インスタグラムなど、ＳＮＳでの話題を情報共有したい
- 業務のこの部分をこのように改善したらどうか？

- 朝礼時に日記帳を準備して、司会進行役が書記をするようにしてはどうか？
- 新入社員の◯さんに、この仕事を習得してもらいたいので、本日時間をとってほしい

などなど。

「社員が、本気で会社のことを考えてくれている」という感覚を味わいながら経営できるのは、社長として本当に幸せなことです。一緒に働く仲間の笑顔と居心地のよい職場づくりのために、ぜひ取り組んでみてください。

ポイント
一日、20分の承認タイムの実践は、どんな小さな声でも経営者やリーダーにまで届く仕組み作りにつながります。

2-5 言葉のプレゼント、「ありがとう」を伝える

私は、職場において心の中で感じていることを、素直に「プラスの言葉」に表現し、相手

に伝えることが重要と伝えています。プラスの言葉とは、「ありがとう」「楽しい」「うれしい」「幸せ」「ツイてる」「すばらしい」「助かる」など、人に喜んでもらえる言葉です。

職場や家族で、あなたは素直な気持ちで「ありがとう」と言っていますか？　そして、「ありがとう」という言葉を伝えるときに、相手の顔を見て笑顔で言っているでしょうか？

私は、出社時に元気がなかったり、目を合わせることができない社員や無口な社員がいる場合は、細やかなフォローが必要と考え、次の①～③が早く浸透するように配慮しながら見守っています。

①笑顔でアイコンタクトする
②挨拶をする
③承認の言葉を相手に伝える

①②については、朝の挨拶をイメージするとわかりやすいと思います。

出社して最初に口にする言葉は「おはようございます」でしょう。社会人ですから、当然と思われるかもしれませんが、よく観察してみてください。あなたの会社では「ながら挨拶」になっていませんか？

体を相手に向け、アイコンタクトをとって挨拶できている社員が、どのくらいいるでしょうか。単なる習慣として、とりあえずの挨拶としか相手に伝わらないことほど無意味なことはありません。人に会ったらいったん立ち止まり、しっかりと相手の目を見てから、気持ちを込めて、「おはようございます」と言ってお辞儀（一礼）をする。これを挨拶の1セットとして行なえば、印象がよいだけでなく、お互いに爽やかな気持ちで仕事をスタートすることができます。

この挨拶の一連の動作は、③の「承認の言葉」を相手に伝えるときにも有効です。「承認の言葉」とは、相手を認める言葉です。よく似ていますが「ほめる」とは違うことを意識してください。「ほめる」は、相手の行動などを評価し、たたえることですが、「承認」は行動や存在を認めることです。そこに評価は含まれず、立場も目上・目下関係なく対等です。

〈承認の言葉の一例〉

- すごく助かったよ！　ありがとう
- 頑張っているね
- さすが、○○さんだね
- みんなのお陰でよい仕事ができた。よかったよね

●○○さんがいると、みんなの気持ちが明るくなるね
●取引先の営業の方が、みんなのことをほめていたよ

このような「承認」の言葉を、社員全員がお互いに伝え合えるようになるには、経営者・リーダーから社員へ、「承認の言葉を伝える」行動が必要です。特に、スタッフ全員の前で伝えれば、それは何よりの贈り物となります。そのとき、①アイコンタクト、②挨拶、③承認の言葉を伝える――の順番で行なうとよいでしょう。

多くの人にとって、上司や先輩、同僚から「ありがとう」という言葉をもらった時が、仕事で一番のやりがいを感じる瞬間ではないでしょうか。

「承認の言葉」を伝える。これを頭の片隅に置いて経営をしてみてください。言葉が持つ力の大きさを意識して経営するのとそうでないのとでは、大きな違いがあります。

職場全体で、お互いに「ありがとう」「○○さんのお陰で助かった！」といった承認の言葉が飛び交うようになると、会社に活気が生まれ、職場が強固な連帯感を持つひとつのチームとなります。仲間意識を強化して絆を深めていくことで、社員は「自分の居場所」を感じられるようになるのです。そして、自身の価値と会社に対する愛着が深まっていった結果、

チームの一員として、業務改善すべきと感じたことや企画などの提案が、経営者にまで届くようになり、業績向上につながります。

言葉には、不思議な力があると感じたことはありませんか。プラスの言葉を口にしていると、なぜかまたプラスの言葉を使うようなシーンが訪れ、さらに素敵な出来事が次々に起こることがあります。逆に、マイナスの言葉（悪口・愚痴・不平不満・心配事）が頻繁に出ていると、マイナスの言葉を使わなければならないような嫌な出来事に直面してしまうといったように。たとえば、ちょっとした一言で、取引先との商談がまとまらなかったり、社員が自信を喪失し、働く意欲を失ったり……。そんな経験をしたことがある経営者は多いのではないでしょうか。

経営者やリーダーが職場で発する言葉は、影響力が強いものです。社員を活かすのもダメにしてしまうのも経営者しだいということを、肝に銘じておかなければなりません。

私は、会社を繁栄・成長させるためには、

◆社員全員で、プラスの言葉を発信していく

◆承認の言葉をお互いに伝え合う

この2点を徹底することが、何よりも近道であると考えています。

そして、もうひとつ。あなたは、「お客様に接するときの対応」と「社員に接するときの対応」に差はありませんか？　同じ対応ができている会社ほど、業績はよいはずです。理由は簡単です。経営者が不機嫌であれば、社員は業務の報告事項を隠すようになり、クレームの対応・業務改善ができず、業績が下がることは目に見えているからです。

経営者は、社員一人ひとりを大切に「おもてなし」する。そのような想いで、日々言葉のプレゼントを贈ることを実践してみてください。

ポイント

「ありがとう」という言葉は、仕事で一番のやりがいを感じる瞬間である日々、言葉のプレゼントを贈ることを実践しましょう！

2-6 目標とする先輩はいますか?

「私も、○○さんのようになりたい!」

仕事をしている全員に、このような気持ちが持てる上司や先輩がいたら、自然と向上心あふれる素敵な職場になります。

経営者やリーダー、先輩は、部下からあこがれの気持ちを持ってもらえるような存在であり続けなければなりません。そして、あこがれの対象となる存在は1人ではなく、複数いたほうがより効果は高くなります。

弊社では、新入社員に指導を行なう際、ある工夫をしています。仕事を細分化して、その分野に一番秀でている人に指導してもらうのです。

たとえば……、

- 商品出荷のやり方については、Aさんに教育係をお願いします
- 箱の計測、準備の仕方については、Bさんに教育係をお願いします
- 伝票入力については、Cさんに教育係をお願いします
- 請求書など書類準備の仕方については、Dさんに教育係をお願いします
- 資料請求者への配布物準備については、Eさんに教育係をお願いします

というように、細かく分けた仕事の内容ごとに担当教育係を設けています。

ひとつの業務を完了に導くためのやり方は何通りもありますが、確実かつ最短で仕事を片付けるには、必ず工夫が必要です。とすると、最初から無駄のない仕事のやり方を教わることがどんなに重要か。時間がかかるやり方を最初に身につけてしまったら、そのやり方を変えるように指示されても戸惑いが大きく、時間もかかってしまうでしょう。

社員を見ていると、得意分野は各々見事に分散しています。そのため、各分野で一番スピーディーに仕事がこなせる人に教育をしてもらうのが、新入社員にとって、適切で確実な業務のやり方の習得につながるというわけです。

このように、私は社内において、仕事の分野ごとに「あこがれの先輩」をたくさん作る努力をしています。経営者より、もっと身近なところに「あこがれの先輩」という存在を作ることは、新入社員が目標を立てやすく、成長を加速させることにつながります。

同時に、パート社員は教育係を任されることで、自分自身の価値を大きく感じるようになり、自信も強まります。そして、取得した業務を教育という形でアウトプットすることによって知識とスキルが磨かれ、次の段階へと成長してくれます。

新人社員教育は、やり方しだいで教えられる側と教える側の両方が成長できる場となり得るのです。

ある日、ミーティングで「どんな目標を持って仕事をしているか？」をパート社員にたずねたことがあります。それぞれ、「目標は、○○の処理が見事な△△さんを目標にしています」というように、自分にはないものを持っている先輩や同僚を目標としていることがわかりました。

目標となる人物、あこがれる人物が職場にいて、職場の全スタッフがお互いに敬意を払いながら仕事に取り組んだときのパワーはすごいものです。社員が会社に集まるだけで大きな熱量が感じ取れ、一緒に仕事をしていて、とても気持ちよく感じます。

- 仕事に来るとワクワクする
- みんなに会えることでパワーがもらえる
- みんなの役に立ちたいので、仕事ができる人になりたい
- 私達の仕事が、世の中の役に立っていることがうれしい
- 私達の仕事が、SNSで話題になっているのも活力になる

などといった、前向きな気持ちで仕事に取り組むことができます。

社会人にとって、「どんな人と働くか」は「どんな会社に勤めているか」よりもはるかに重要だと思うのです。自分自身の成長スピードは、一緒に働く人も含めて、職場環境によっ

て大きく変わります。社員が、「ここで働けることで自分は成長できた」と思えるような職場を作るには何をすればよいかを考えてみてください。

ポイント
あこがれの先輩が大勢いると、前向きに仕事に取り組める「どんな人と働くか」は、「どんな会社に勤めているか」よりもはるかに重要

2-7 目標を達成したときのサプライズプレゼント！

みなさんの会社では、従業員にどのような報酬を与えていますか？報酬というと、給料やボーナスアップをイメージされる方が多いのではないかと思います。もちろん、「金銭的な報酬」も必要ですが、「心に残る報酬」のほうが、従業員にとって価値があると私は考えています。

「心に残る報酬」と言われたとき、どのようなものを想像しますか？
①この人達と仕事をするとワクワクする
②この仕事で、社会に貢献していると感じる
③私の提案が採用されてうれしい
④周りのスタッフからの声掛けに温かさを感じる
⑤上司・リーダーから認められてうれしい
⑥自分の価値を高められる仕事ができる
このようなことを、日々の業務の中で感じることができたら、士気は高まり、さらに頑張ろうという意欲に満たされます。①〜⑥の感動を体感しながら働くことができる社員は、日々の充実感と自身の成長価値に重きを置くようになるため、貢献意欲も高くなるのです。

逆に、金銭的報酬が高いだけの仕事である場合、勤務時間内で頑張ればよいという考え方になり、会社への貢献意欲は薄れていきます。

金銭的報酬である「時給」について、少し考えてみましょう。弊社では、1年に一度、パート社員の時給の見直しを行なっています。時給のアップは、それぞれの働きだけでなく、会社の経営状況を含めた判断で経営者が決めるものです。

たとえば今年、時給の30円アップを決断したとします。従業員側は「30円上がってうれしい」と感じてくれるでしょう。しかしその翌年、経営状況との兼ね合いで20円しかアップできなかったらどうでしょう。「前年より（アップ率が）下がった。何か問題があったのかな。ちょっとガッカリ……」という気持ちになるかもしれません。金銭的報酬が大切なことはたしかですが、この例のように、最初のベースアップ額が基準となり、上がるのが当たり前、さらには上がっても満足感が薄れていってしまう場合もあります。

また、時給を毎年30円アップして、その時は喜ばれたとしても、職場で問題を抱えて、「会社に行きたくない」「何だかやる気が起こらない」という苦痛な環境になってしまえば、お給料がよくても離職につながることもあるでしょう。ただ高いお給料をもらえるだけでは、人は幸せになれません。社員が、「この会社で長く働きたい」と感じてくれるためには、仕事をすることで心が満たされる環境が必要なのです。

私が一番大切だと思うのは、「社員一人ひとりの幸せ」を考えることです。経営者は、売上や利益について一所懸命考えますが、売上や利益は社員のみなさんが作ってくれます。社員がひとつのチームとなり、「全員で会社をよくしたい」「私達が会社を作り上げているのだ」という感覚で仕事をすることができれば、売上は自然と伸びていきます。ピンチにぶつかったときも、社員が一緒に考えてくれます。

経営者は、そんな社員達に感謝の気持ちをどう伝え、「心に残る報酬」を与えるためにはどうしたらよいか？　を考えることが重要です。

そこに、正社員・パート社員といった雇用形態はまったく関係はありません。

「責任感を持って懸命に働いてほしいから、正社員で採用をする」と決断している経営者は多いと思いますが、重要なのは雇用形態よりも、従業員が「感動」「貢献感」「やりがい」を感じながら働けるようにするためには、どのような経営をしたらよいのか？　という視点です。この視点を持って経営していると、一度事情があって退職した方からタイミングが合えばまた復職したいという声が届き、不思議と従業員募集をしなくても会社が回るようになっていきます。

では、「心に残る報酬」の話に戻りますが、「心に残る報酬」をプレゼントするもっともよいタイミングはどんな時でしょうか。目標を達成した時、感謝の気持ちを伝えたい時に、弊社では次のようなことを実践しています。

- 売上目標A円を達成した月は、プラスの手当として3000円をポチ袋に入れてプレゼント
- 売上目標B円を達成した月は、プラスの手当として5000円をポチ袋に入れてプレゼント

●繁忙期お疲れ様！　みんな頑張っているね！　と感じたときには、近所の老舗うなぎ屋さんから「うな重」を届けてもらって、ごほうびランチ会を開催
●スタッフに疲れが溜まっていそうだと感じたら、「お取り寄せスイーツ」をプレゼント
●決算で売上高や利益が過去最高の数字となったときには、「ありがとう」の気持ちを込めて臨時手当をポチ袋に入れてプレゼント
※プラスのポチ袋手当は、給料とは別にして直接手渡しするのが効果的です
※1万円札1枚入れるよりも、千円札10枚が効果的です

日々の業務の中に、このようなワクワクする報酬が突然訪れるシーンを作ってみてください。

ポチ袋手当について、社員からは「このような形で（プラスの手当を）もらえたのは初めて。とてもうれしい！」という声が上がりました。また、ごほうびランチについても、「夫から、ランチにうなぎを取ってくれる会社なんてないよ」とか「夫が、今日だけ会社（エンジェル宅配）に潜入したいなぁ……」などと羨ましがられたとも。

こういった声を聞くと、本当に喜んでもらっていることを感じます。

縁あって一緒に働くことになった社員には、幸せになってもらいたいですよね。社員に幸せを感じてもらうためにはどうしたらいいか。経営者は、これを日々考えながら経営と向き合うことが必要だ、と私は考えます。

ポイント　**がんばってくれたと認めたときは、サプライズのプレゼントを準備し、全員で幸せを分かち合う時間を作ろう！**

2-8　会社のサイトに全員の顔写真を掲載する効果

あなたの会社では、自社のウェブサイトに社員の顔写真を掲載していますか？　ＳＥＯ対策をする企業は多いのですが、集客を意識するだけでなく、お客様に安心を提供するという視点で自社サイトを作成している企業は、まだまだ少ないように感じます。

また、お客様に安心していただくためには、社員の顔写真を掲載したほうがよいとわかっていても、「自分自身の顔を出すのは恥ずかしい」「社員からの了承がなかなかもらえない」という悩みを抱えている経営者も多いようです。

まず初めに、なぜ「顔出し」が効果的であるのかを考えてみましょう。

「ザイオンス効果」という言葉を聞いたことがありますか？　人は頻繁に見るものに対して、親しみや安心感を覚えます。ザイオンス効果とは、同じ人や物に接する回数が増えるほど、その対象に好印象を持つようになるという心理現象のことで、サイトの顔出しにも、このザイオンス効果は期待できるのです。

来店型の店舗でない場合、お客様の顔は見えません。また、お客様にも対応する社員の顔が見えないため、高価な買い物であっても、どんな人が携わる会社なのか、よくわからない状態で決断しなくてはなりません。

消費者は、実体の見えない相手からの購入に対して、どこかで「商品が届かなかったらどうしようか？」といった不安を持つものです。「顔出し」は、その不安の解消に対して有効に働きます。「当社は誠実な会社ですよ」「うちのスタッフは、すばらしい人間ですよ」というメッセージを、消費者に受け取ってもらうことができるのです。

たとえば、商品やサービスの入手先となるウェブサイトがあったとき、あなたなら①と②のどちらに信頼を寄せたいと思いますか？

①社長・社員の顔写真とメッセージが掲載され、提供者の顔が見えるサイト

②商品が並ぶだけで、社長・社員の顔写真といったわかりやすい提供者情報がないサイト

多くの方が、①を選ぶのではないでしょうか。

中小企業において、自社サイトに社長や社員の顔写真を公開していることは重要なポイントとなります。顔や実名を出すことで、

- 安心感を与えられる
- 想いを伝えられる
- チーム力をアピールできる
- スタッフの優秀さを伝えられる

ことに加え、「受けた仕事は責任を持ってやりますよ！」というメッセージにもなるのです。

今の時代、商品を購入するだけならどこでだって可能です。そして、同じ商品であれば、

消費者は価格が安いほうに流れていきますから、販売者はいずれ価格競争に巻き込まれてしまいます。

私は、商品の内容だけでなく、「この会社のこの人達にお願いしたい！」という気持ちで戸を叩いてくださるお客様に集まっていただきたいと考えています。ですから、弊社には割引などの価格サービスはありません。社長である私は顔写真とともに、エンジェル宅配のサービスを立ち上げた想いをメッセージとして綴っています。そしてスタッフページには、各々の仕事に対する声を掲載しています。

その結果、価格でない部分を求めるお客様が集まり、「丁寧なサポートをしてくれる会社」という認識のもと、こだわり派のお客様が支持してくださるようになりました。

では、実際に自社サイトに顔写真を掲載しようと決めたとします。その際、もっとも気を配りたいのは、どんな写真を掲載するかです。人は3秒で「好き嫌い」を判断すると言われています。第一印象がとても重要であることを、常に念頭に置いておいてください。

写真のイメージしだいでは、効果がマイナスに働くこともあります。できれば、プロのカメラマンに依頼して、最高の1枚を撮ってもらいましょう。会社の肝となる重要な部分であり、経費を惜しむべきでないからです。

選びたいのはこのような写真です。

●「笑顔」でお客様とコミュニケーションをとっている様子
●「笑顔」で生き生きと作業をしている姿
●チーム力をアピールできるような、「笑顔」あふれる社員の集合写真

また、社長・社員からのメッセージを動画で掲載するのも効果的です。YouTube にアップした動画を自社サイトで表示すれば、閲覧してもらえる機会も増えます。動画は、会社の雰囲気をリアルに伝えられるうえに、動画の再生でサイトの滞在時間も長くなります。すばらしい効果を感じ取っていただけることと思います。

冒頭で、自社サイトへの顔写真・動画掲載を実現したくても、社員の許可が得られないという悩みをご紹介しました。たしかに、社員の立場で考えると、

●顔と実名の公開は危険なのではないか
●顔を出すのは恥ずかしい
●そこまで協力する気になれない
●長く勤める気持ちがない

など、躊躇する理由もいろいろと考えられます。

個々の意見があるのは当然ですが、経営者側の努力で解決できる場合もあります。採用面

接時に、自社サイトや発行媒体への顔写真掲載の了承をとるのもひとつの方法だし、在籍中の社員に対しては、「協力したい」と思ってもらえるようなマネジメントが必要でしょう。

なかでも、社内で顔写真掲載の了承を得る場合には、個別交渉がベターだと思います。写真掲載の目的とその効果、社長の想いを個別に伝え、一人ずつ協力者を増やしていきましょう。全員の協力が難しい場合は、消極的な社員には無理強いはせず、まずは承諾してくれた社員に協力をお願いして様子を見ます。

周囲が協力する姿を目にするうちに、気持ちが変化することもあるでしょう。いつでも参加OKですよ！　という雰囲気と環境を作っておくことで、1人、2人と協力者が増えていくこともあります。

社員全員に顔出しの了承をもらい、サイトへの顔写真掲載が実現したら、経営者にとっては喜ばしいことです。そして月日が経ったあるとき、社内にさらなるすばらしい変化が起きていることに気づくでしょう。

「私は、この会社の一員として誇りを持って仕事をしている」

「全員で経営しているという感覚を持って仕事をしている」

このような気持ちが一人ひとりに湧いているはずです。自社サイトに自分の顔写真が載っていることは、チーム力の向上を後押ししてくれるのです。チームの絆を強固にする意味でも、チャレンジしてみる価値はあると思います。

ポイント
全社員が、サイトに顔出しOKと言ってくれる会社を作ろう！
チームの絆ができた証です

2-9 社内でSNS運用担当のプロジェクトチームを作る！

スマートフォンの普及により、生活の一部となったSNS。それを活用したSNS広告は、Googleやヤフーのリスティング広告（検索連動型広告）と比較すると、お金をあまりかけることなく気軽に始められるマーケティングサービスです。Facebookやインスタグラムならターゲットを絞って宣伝できるし、ユーザー年齢層が幅広いTwitterには高い拡散力があります。企業にとって、SNSをビジネスに活用するという選択は、必要不可欠の時代と言っても過言ではないでしょう。

SNSをビジネス活用した場合、何が実現するかを考えてみましょう。

①企業のブランディング
②広報活動
③キャンペーン利用
④サイト流入の増加
⑤顧客のサポート

SNS広告のメリットは、費用をかけずにブランディングや集客ができることです。しかし、やってはみたものの、効果が感じられないまま諦めてしまう企業も少なくありません。毎日コツコツと、質の高い写真や記事を投稿し続ける必要があり、反応が得られるまでに期間もかかります。少なくとも、1年～3年ほどかけて成長させる覚悟が必要なのです。

SNSを成功に導くためには、

●長期戦で考える
●日々のリアルな情報をセンスよく発信し続ける

この2つのポイントを考慮しなければなりません。

弊社では、日常業務を外注委託することが多いのですが、SNSに関しては、社内でプロジェクトチームのメンバーを募集して運用することに決めました。募集要項で提示した条件は次の3点です。

〈募集要項〉

①SNSに興味がある
②帰宅後に投稿作業を行なえる
③1投稿の報酬は1000円とする

その結果、5名のスタッフが手を挙げてくれ、SNS運用チームとして活動してもらうことになりました。経営者の友人にこの条件の話をすると、②と③について質問を受けることがあります。

◆なぜ投稿を帰宅後としたのか？

ふだんから仕事量が多い弊社では、就業時間内は業務が詰まっています。写真を撮影し、文章も考えなければならないSNS投稿の時間を捻出するのは難しく、運用スタッフにストレスがかかることが予想できました。また、投稿のネタを考える時間も必要です。落ち着いた環境で、お客様を惹きつけられるような素敵な投稿を考えてほしい。仕事として投稿しているだけにはなってほしくないと考えたのです。

もうひとつには、業務時間外の作業であれば手当を付けやすくなります。プラスの報酬はやる気を増し、喜びにもなるのでは？　と考えたのです。

◆なぜ1投稿1000円の報酬設定にしたのか？

ＳＮＳを運用していくには、新鮮な記事を準備し、その日にどんな内容をアップするかを日々考える必要があります。時間がかかり、プレッシャーを感じることもあるでしょう。

実は、経営者仲間からは「少し報酬が高いのでは？」という声もありました。しかし、写真1枚に簡単なコメントを入れるだけの投稿にならない価格を設定する必要があります。愛社精神にあふれるスタッフばかりなので、いい加減な投稿はしないに違いないと信じ、この価格に決定しました。


社内でＳＮＳのチームができたら、会社の夢や目標に向けた運用ができるように育てなければなりません。私は、5名でプロジェクトチームを結束した後、ブランディングと広報活動をインスタグラム・ｎｏｔｅなどのＳＮＳ中心で行ないたいこと、そして、何よりエンジェル宅配のサービスの細やかさとこだわりを、投稿の中で露出していきたいことを伝えました。

私たちがどこをゴールにしているのか、将来像をきちんと理解したうえで実行してもらわないと、ブレが生じる可能性があるからです。

実際の運用では、写真1枚だけでなく、数枚がスライド表示されるように加工したり、動画をアップしたりと工夫が見られます。スタートから4年経った今も、毎日の投稿は継続されており、集客とお客様からの評価において、ともにすばらしい実績を出してくれています。

このSNSプロジェクトチームの誕生後、弊社ではさらにうれしい変化がありました。チームメンバーが自らスマホを片手に、おしゃれな商品や素敵なショットを日々撮影しながら、業務に携わる姿を多く見かけるようになったのです。

彼女たちは、どんな写真と記事がお客様に喜ばれるかを常に考えて仕事をしています。また、同業他社がどのようなSNS運用をしているかを気にかけ、朝のミーティングで他社のキャンペーン情報や動向について周知してくれるようにもなりました。するといつの間にか、社員全員に「エンジェル宅配のよさをもっとお客様に伝えたい」という想いが芽生えていきました。ＳＮＳ運用チームの存在は、「頑張っている人がいる。私も別の分野で役に立ちたい」という気持ちを全員に抱かせるほどの影響力があったのです。

また、ＳＮＳ投稿時間も、何時頃が一番反応あるだろうかと試行錯誤。少しでも多くのお客様に届けられるよう、朝の通勤時に見ていただける時間を設定するなど考えてくれている姿には本当に頭が下がります。

今では、出社したスタッフ達の会話に耳を傾けると、

「今日の投稿『いいね！』の数がすごかったね」

「フォロワー数の増え方がすごい！」

「写真よかったよ～」

「お客様からコメントが入っていたね」

などなど……チーム以外のスタッフからも共感と温かい声が聞こえてきます。

この結果を見ても、社内でのＳＮＳチーム立ち上げが、集客以上にすばらしい効果をもたらしてくれたとわかるのではないでしょうか。

ＳＮＳ運用チームを立ち上げたことで、５つの効果が生まれました。

①社内のコミュニケーションの活性化

②社内の情報収集力向上
③社員の気づき力の向上
④「いいね！」の数で、お客様の嗜好分析が可能になった
⑤社内のモチベーション向上

社員が自ら外部の情報を収集し、自社に必要な情報や気づきを上司や同僚に発信する。それにより、社内コミュニケーションが活性化し、新たな目標ができる。企業の発展には、この循環が必要です。そこに、社内での「感動」「共感」がプラスされると、より強い絆と連帯感が生まれます。

ＳＮＳを集客に活用したいという経営者は多いと思います。しかし私は、集客効果以上に、社内のエンゲージメント向上効果の高さから、ＳＮＳの積極活用をおすすめします。

ポイント

ＳＮＳは、企業活動に必要なツール
ＳＮＳ投稿により、常に会社のことを考えてくれる社員が育ちます

3章 社員教育について

3-1 仕事ができない社員を〝できる〟社員に育てる方法

初めて新入社員を教える立場になったとき、「できる社員」に育てるにはどう指導したらよいものか……と悩む人は多いものです。新入社員本人にとっては、初めて取り組む仕事ですから、最初は指示待ちで動くことになるでしょう。しかし経営者は、指示待ちでしか動けない新入社員を、自分で物事を柔軟に捉えて判断する力を持った人材へと育てていかなければなりません。そのためには、どうしたらよいのでしょうか？

これには、教える側の「姿勢」が問われます。私は、そこで一番大切なものは「相手に成長してほしいと願い、支援する気持ち」だと考えています。戦力の一員となる新入社員に対して、心から成長を願いサポートをする。社員教育においては、この意識を基本に位置づけることを、社内で統一しておく必要があります。

指導役の社員が自分の仕事を優先するあまり、教えられる側に「指導が適当だ」と思わせてしまえば、新入社員は「本気で自分を育てようとしてくれていない」と感じてモチベーションも下がっていくことでしょう。

逆に、教える側の先輩が、一緒に学ぼうという気持ちで向き合ってくれると、新入社員にも、「こんなに仕事ができる先輩たちも、一緒に学びながら教えてくれている。私も早く近づきたい」という気持ちが生まれます。

また、教える側の姿勢としてもうひとつ大切なことがあります。それは、「教えることで自分も成長し続けたいと考える心」です。時間がない中で、教えるのは面倒だと思っていたら、その気持ちは態度や言葉から自然と相手に伝わってしまうものです。

教えるという作業は、自分が持つ知識が確実でないとできません。先輩社員は、知識のアウトプットが、自身の成長につながることを意識して指導に携わる必要があるのです。新入社員に成長してもらいたい。教える側の自分も成長したい。その気持ちが重なり、ようやく社内の人財育成ができる土台が整います。指導する者は、それを念頭に置いて育成に携わることが必要です。

では、指導者としての能力が高い人とは、どのような人でしょうか。私は、「目的と理由を説明できる人」であると考えます。「この仕事は、なぜこのような段取りで行なうのか」をロジカルに伝えられる能力が必要だということです。

たとえば……資料請求をいただいたお客様へのカタログ発送の準備という仕事があるとします。弊社では、新人教育にあたる先輩社員が、このように説明しています。

〈指導説明〉

これから、弊社に興味をお持ちのお客様にカタログ資料をお届けする準備のやり方を教えますね。この棚に複数のカタログがありますが、どうしてこの順番で並べられているかわかりますか？（新入社員に答えてもらう）　お客様にご覧いただきたい順番に上から並べているのです。これらの資料を時間があるときに見て、自分がお客様だったらどのような順番で届くとわかりやすいかを考えてみてください。仕事が早く覚えられると思いますよ。

また、配送伝票の宛名に誤字があると、お客様からの信頼が失われてしまうので、必ず先輩にダブルチェックを依頼してくださいね。

これらは、弊社のサービスを検討中のお客様が判断するための貴重な資料です。雑だという印象を与えないよう、丁寧な梱包が大切です。では、お客様に丁寧な会社だと思っていただくには、どのようなことがポイントになると思いますか？（新入社員に答えてもらう）

1．ここでわかるのは、説明の途中で質問を投げかけていることです。教えられるばかりではなく、新入社員自身も、考えて答えてもらえるようなコミュニケーションを取り入れています。

よい指導のポイントは、
①「何のため」にしているのか、目的を伝えること
②「質問」を入れ、相手に考えさせる指導をすること
この2つです。

新入社員がイメージできるような質問を投げかけることで、教えられた内容が深く頭に残ります。そして、今教わった仕事の中で一番のポイントは何かが明確になります。

一方、指導にあたる先輩は、これだけは間違えてはならないという肝の部分が伝わったかどうかを確認しなくてはなりません。言葉でたずねるのではなく、実際に仕事を任せてみて判断します。一連の流れが問題なくできていれば、指導した内容が確実に伝わったことが確認できます。伝わっていなければ、どこに問題があり、何が理解できていないのか原因を究明し、再度教えるべき部分を洗い出します。この時、どのように指導をしたら相手により伝

わるか、を思考することが重要です。これが、教え方の改善につながります。

仕事において、

●［Ｐｌａｎ］どうやるか（を本人に考えさせる）

●［Ｄｏ］実際にやらせて

●［Ｃｈｅｃｋ］結果を評価する

●［Ａｃｔ］次に何をするのか（を本人に考えさせる）

この４段階を繰り返して、継続的に業務を改善する手法があります。これを「ＰＤＣＡサイクル」と言いますが、新入社員がＰＤＣＡを身につけられるように手助けするのが、指導者たる先輩の役割なのです。

では、ＰＤＣＡを繰り返し、ある程度仕事ができるようになった新入社員がいるとします。この新入社員に対して、次に与えるべき課題は、「先輩と同じスピードで業務できるか」です。「スピードアップ」の課題でもＰＤＣＡを活用し、本人に考えさせ、やらせてみて、その結果をもとに、仕事ができるようになったかを評価します。

その際、指導役の先輩は、
●どの工程で時間がかかっているか
●時間がかかっている部分を短縮するには、どのような知識・スキルが必要か
●手順変更すべき部分はないか
を考慮してアドバイスを行ないます。そして、何が理解できていなくて、何を覚えたらよいのかを新入社員自身にも考えさせて、次のステップに進みます。

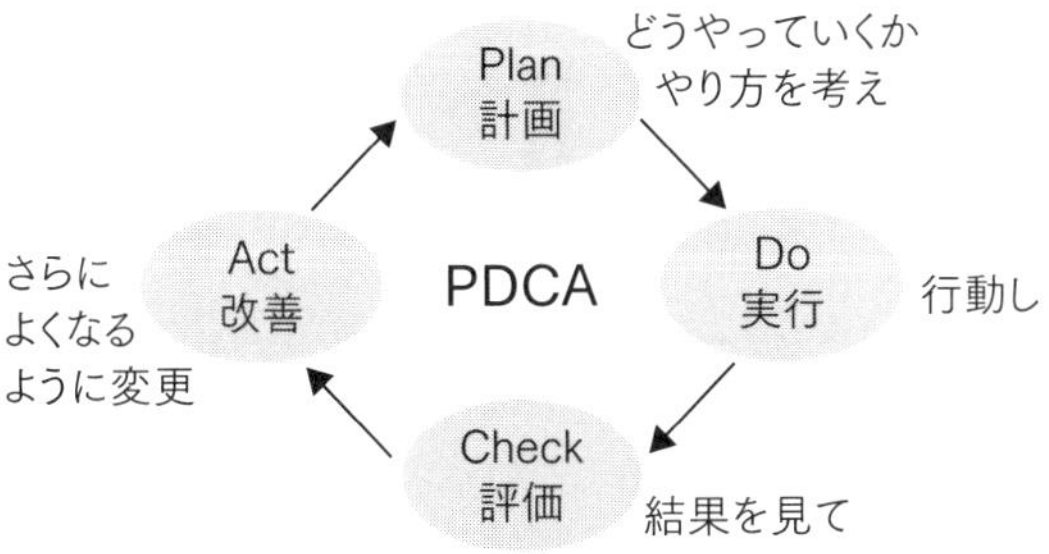

この方法で社員教育はグンと進むはずですが、それでもうまく進まないと考えていらっしゃる経営者の方にお伝えしたいのは、「その社員さんは業務の全体像がイメージできているでしょうか？」ということです。

新入社員教育をするには、まず会社の全体像を理解してもらう必要があります。社内にどんな部署があり、それぞれ何の仕事をしているか、この仕事はどのような順番で進むかを理解してもら

い、「あなたに、この部分の仕事をしてもらうために指導している」ということを伝えてください。自分が会社のどこに貢献しているのかをイメージすることができないと、成長は伸び悩みます。「この会社にいたら成長できる。どんどん学びたい！」と、社員が感じるような指導をするには、教える側が自身の姿勢を意識し、指導能力に磨きをかけることが必要不可欠なのです。

ポイント
できる社員を作るためには、まず会社の全体像を理解してもらうことが大切。その後、PDCAで人材教育を！

3-2 マニュアル作りが重要な理由

弊社は、結婚式の引き出物をゲスト宅へ宅配でお届けするというサービスを事業として展開しています。社長である私とパート社員数名の小さな会社なので、売上が伸びていくほど、ミスが発生しない管理は難しいと悩んだ時期があります。

その頃、特に悩みが大きかったのが出荷部門です。お客様のこだわりや希望に対応するに

料金受取人払郵便

神田局
承認
6162

差出有効期間
令和４年11月
19日まで

郵便はがき

101-8796

511

（受取人）
東京都千代田区
神田神保町1－41

同文舘出版株式会社
愛読者係行

毎度ご愛読をいただき厚く御礼申し上げます。お客様より収集させていただいた個人情報は、出版企画の参考にさせていただきます。厳重に管理し、お客様の承諾を得た範囲を超えて使用いたしません。メールにて新刊案内ご希望の方は、Eメールをご記入のうえ、「メール配信希望」の「有」に○印を付けて下さい。

図書目録希望	有	無	メール配信希望	有	無

フリガナ お名前		性　別 男・女	年　齢 才
ご住所	〒 TEL　（　　）　Eメール		
ご職業	1.会社員　2.団体職員　3.公務員　4.自営　5.自由業　6.教師　7.学生 8.主婦　9.その他（　　）		
勤務先分類	1.建設　2.製造　3.小売　4.銀行・各種金融　5.証券　6.保険　7.不動産　8.運輸・倉庫 9.情報・通信　10.サービス　11.官公庁　12.農林水産　13.その他（　　）		
職　種	1.労務　2.人事　3.庶務　4.秘書　5.経理　6.調査　7.企画　8.技術 9.生産管理　10.製造　11.宣伝　12.営業販売　13.その他（　　）		

愛読者カード

書名

◆ お買上げいただいた日　　　　年　　月　　日頃

◆ お買上げいただいた書店名　（　　　　　　　　　　　）

◆ よく読まれる新聞・雑誌　（　　　　　　　　　　　）

◆ 本書をなにでお知りになりましたか。

1．新聞・雑誌の広告・書評で　（紙・誌名　　　　　　　）

2．書店で見て　3．会社・学校のテキスト　4．人のすすめで

5．図書目録を見て　6．その他（　　　　　　　　　）

◆ 本書に対するご意見

◆ ご感想

●内容	良い	普通	不満	その他（　　　）
●価格	安い	普通	高い	その他（　　　）
●装丁	良い	普通	悪い	その他（　　　）

◆ どんなテーマの出版をご希望ですか

<書籍のご注文について>

直接小社にご注文の方はお電話にてお申し込みください。宅急便の代金着払いにて発送いたします。1回のお買い上げ金額が税込2,500円未満の場合は送料は税込500円、税込2,500円以上の場合は送料無料。送料のほかに1回のご注文につき300円の代引手数料がかかります。商品到着時に宅配業者へお支払いください。

同文舘出版　営業部　TEL：03－3294－1801

は、多くの細かい業務に確実に対処していかなくてはなりません。その業務を、社長である私自身が人に任せて手を離すということができずにいました。

たとえば、「細かい業務」を確実に行なっていくためには次のような注意点があります。

- 挨拶カードはオリジナルの文章で作成し、日付・名入れは1組1組異なる
- 商品・数量・住所・名前の変更が発生するため、念入りな確認が必要
- 熨斗の名前は旧字体が求められるケースも多く、間違えられない
- 持ち込み商品の同梱やまとめての発送が混在するなど、お客様によりご希望がさまざま
- 写真入り挨拶カードをご希望するお客様もいる
- 熨斗の表書きに、「内祝」と「寿」が入り混じっている
- 結婚式の後に届くように手配するため、お届け日はミスができない

経営者である私の本来の仕事は、会社経営の戦略・戦術を考えることであり、このような細かい業務を行なうことではありません。けれども、基本的にお客様とのやり取りはメールで行なうこともあって、「社員が、お客様の要望などを見落とさず完璧に対応できるだろうか？」「もしミスが発生したら……」という不安が拭えず、日々の細かい業務から抜け出せない自分がいたのです。

私が関わらなくても、仕事が完璧に回るようにするにはどうしたらよいかを考え、出した答えが「業務のマニュアル化」です。このマニュアル化は、すばらしい結果に結びつきました。今では、出荷業務の管理に私が入らなくても、出荷部門のリーダーとサブリーダーを主体に完璧な業務をしてくれています。

業務をマニュアル化することで、次のような効果が生まれます。

①業務を効率化できる

仕事の進め方は、人によって何通りもあります。しかし、効率よく最短でできる方法があるはずです。仕事の無駄を排除して、全員が一番効率のよい方法で統一して行なえるようにすることが必要です。業務最適化が実現できるマニュアルを作ることにより、携わる人すべての仕事がスピードアップし、かつ確実になります。また、業務を交代するときも、スムーズに引き継ぎができるようになります。

②業務経験がなくても仕事を覚えられる

業務のマニュアル化とは、誰が行なっても仕事のクオリティーが保てるようにするための指示書を作ることです。経験が少ないスタッフでも、マニュアルがあることで仕事を遂行でき、短い時間で業務の流れを把握できるようになります。

③先輩社員の指導時間を効率化できる

仕事を教える先輩のスキルにばらつきがあると、大切な部分が抜けた状態で仕事を覚えてしまう新入社員もいることでしょう。そんなときに、マニュアルがあると、先輩社員もマニュアルに添って指導できるので、教える側の漏れもなくなります。新入社員も、仕事の全体の流れを把握するためのベースをマニュアルで学べるため、メモを取る時間が不要になります。中小企業の多くが、日常業務に追われて、人材育成に十分な時間が取れないと悩んでいると聞きます。業務をマニュアル化することで、先輩社員の業務指導においても時間の効率化が図れます。

業務のマニュアル化について、私はこう考えています。

マニュアル化は必要であり、重要な仕事のひとつです。しかし、会社の業務すべてをマニュアル化すると、作成だけで膨大な時間が必要になるので、社内の業務を整理して、どの部分にマニュアルが必要か、を十分に話し合ってから作成を進めることが大切です。

あなたの会社で、マニュアルがあれば業務改善できると思われるのは、どのような部分でしょうか？　毎日必ずしなければならない業務を最優先として、重要なパートからマニュアル作成を始めるとよいと思います。

一度、マニュアルが完成すれば、これまで新入社員への指導にかけていた時間は大きく短縮できます。さらに、それまで業務を理解できていなかった社員にとっては、覚え直せるうえに繰り返し確認できるので、先輩社員にとっても、何度も教えなければならないストレスからも解放されることでしょう。また社内の生産性が、格段にアップすることは間違いありません。


社長1人でできることには限りがあります。業務のマニュアル化を、「自分の代理」をマニュアルに託すことだとイメージしてみてください。マニュアルは、ただ業務の手順を記したものではなく、その手順が示す意図、なぜこの作業をこの手順で行なうのかが見てわかるようなものであることが望ましいでしょう。

また、マニュアルを作成しても、それを運用する中で、追加や削除などが必ず出てきます。気づいたら、そのつど改善し最適化していくことが、何より重要です。

ポイント

マニュアル作成は、経営者・リーダーの仕事の削減につながる
生産性と確実性を高めるための必須アイテム

3-3 時間を管理することの重要性を理解する

仕事を進めるにあたり、「時間を意識する」ことの重要性を、みなさんはどれほど意識しているでしょうか。その日の仕事量を見て必要な時間を予測し、何時までにどこまで終わらせるかの目標を決めて計画を立てる。会社は社員を、そのような〝できる〟社員に育てる必要があります。

仕事が〝できる〟人とは、限りある時間の中で仕事をどう進めればいいのか、目標と計画をうまく立てられ、かつ生産性の高い結果を出せる人のことです。そのような社員が活躍する生産性の高い職場を作るためには、職場の直属の上司が「タイムマネジメント」を意識し、計画にしたがって、目標達成のために時間をコントロールすることが重要でしょう。

弊社では、各業務を細かく細分化して、それぞれの業務ごとに時間管理を徹底していま

す。仕事が早い人は、仕事の全体像とゴールが見えています。ゴールに向かって、ミスしてはならない重要な仕事には力を入れ、大まかな管理で問題ない部分は切り捨てる。ただ業務を遂行するだけでなく、メリハリをつけるのが上手なのです。

1日のうちで、働ける時間には限りがあり、時間を増やすことはできません。1時間かかっていた仕事が、どうしたら30分で終わるかを考えて実行する。これが、時間を管理するということです。

たとえば、同じ仕事を任せていたAさんとBさんがいたとします。Aさんは20分で仕事を終え、Bさんは40分かかっている。このような状況が社内で見られたとき、倍の時間がかかるBさんに対しては、Aさんと同じスピードで進められるように指導することが必要となります。

まず、生産性の低いBさんの仕事の進め方には、何か問題があると予測できます。そこで、私がするべきことは、Bさんの業務の進め方を観察し、原因を洗い出すことです。Bさんには、「今の業務を隣で見てアドバイスさせてもらってもいいですか？」と伝え、了承を得た上でBさんを観察し、原因を洗い出して改善の提案をしていきます。

その一例として、先日私が「運送会社に出す配達伝票作成の仕事」においてアドバイスをしたときの様子をご紹介しましょう。

運送会社のシステム画面には、差出人名と、お届け先の郵便番号・住所・名前・電話番号・お届け日を入力する欄があります。項目を入力したら登録ボタンを押すと、1件の作業が終了しますが、登録ボタンを押す際、1行に13文字以上入力されているとエラーとなることがわかっています。Bさんに提案した改善内容は、以下のようなものでした。

〈改善提案の内容〉

- 住所入力では、番地は2段目に入れるなどのルール決めをしておくと、13文字のエラーにかかる確率が低くなる
- 住所と一致しなかった郵便番号の調べ方と必要なツールを知っておくこと
- 名前に使われることの多い旧漢字は、知識として学んでおくこと
- 入力の際は5文字程度ずつ分けて確認し、一度で確実に入力して次に進む。画面での再確認は行なわず、最終確認は伝票を印刷して紙ベースでチェックする

このように、具体的なアドバイスをすることで、次のような改善が可能になります。

- 13文字超にならないよう入力することで、エラーを防げる

- 郵便番号と住所の不一致の対処法を把握しておくことで、作業時間の短縮につながる。
- 旧漢字の知識を身につけることで間違いを防ぎ、打ち直しの時間を減らせる。
- 1件ごとに確認するより、スピードを意識して確実に入力した後にパソコン画面上での確認ではなく、印刷して確認したほうが、作業時間は格段に短縮し、ミスも発見しやすい。また、確実性もアップする。

その結果、BさんはAさんと同じスピードで仕事ができるようになりました。

社長や幹部リーダーは、社内の業務を細分化して、各分野で一番効率のよいやり方をしているスタッフを見つけることが大切です。その後、「効率よく仕事ができているスタッフと同レベルに全員が成長するには、どのような指導を行なえばよいか」を考えて、教育内容を最適化していくことも、社内の生産性を高めるために必要です。

弊社では、達成したい仕事の種類ごとに目標とする先輩を見つけ、一番よいやり方を教えてもらうように指導しています。

また、1日の業務をマネジメントするにあたり、もうひとつ工夫していることがあります。弊社では、全員で業務の進度を確認する時間を3段階で設けています。確認する時間帯は、1回目が昼食後の13時頃、2回目は15時、3回目は16時30分です。この時間になると、私から「○○さんから順番に、現在残っている仕事の内容を報告してください」と声掛けをします。その日に各自へと振り分けた仕事で、当日中に終えなければならない仕事のうち、まだ残っている仕事の状況を、全員の前で端的に報告してもらいます。

この報告後、私は左記のような指示を出します。

●指示①Bさんが持っている書類をAさんに渡してください。
　Bさんは、別の●●の仕事に移ってください

●指示②Dさんは、Cさんのヘルプに入ってください
　終了後、Cさんは△△の仕事に、Dさんは◎◎の仕事に移ってください

このように、仕事の進め方を見直す時間を設けているわけです。こうする理由はいくつかありますが、次の3つが主なところでしょう。

1．各スタッフで得意分野が違うのは当然です。苦手分野を担当するCさんのサポートとして、その分野が得意なDさんに入ってもらうことで、処理のスピードアップが図れます。これにより、Cさんは同じ仕事を効率よくこなせる人が隣にいるという感覚を体験

でき、自身の仕事の進め方を見直すことにもつながります。

2．各自の残っている仕事量を報告してもらうことで、17時帰宅を可能にするには、どのくらいのペースで仕事をすべきなのか、を全員が把握できます。

3．その状況において、誰にどのような仕事を割り振れば仕事が早く終わるかを全員で考える時間が共有でき、繰り返すことで全員のタイムマネジメント力が高められます。

仕事を3段階に区切り、残りの状況を共有しながら進めていく体制作りが完成すると、全員がタイムマネジメントできる環境へと変革していくことでしょう。

ポイント

一人ひとりがどのくらいの仕事量に、どのくらいの時間を要しているか？ を把握すると社員教育すべき部分が見える

その結果、タイムマネジメントも順調に進むように改善できる

3-4 ミスがあってもOK！ という考え方

社員が仕事でミスをしてしまった場合、あなたの会社ではどのように対応していますか？ミスをしたことについては、本人が一番落ち込んでいるはずです。仕事を前向きに捉えることができるように、モチベーションを落とさずに自信を回復させることが大切です。まずは、望ましい対応とはどういうものかを考えてみましょう。

社員がミスをした場合、弊社では左記のことを速やかに行なうように指導しています。

- ミスの内容を、迅速かつ的確に報告する
- ミスの原因を調査し、どのようにカバーするかを全員で考える
- 次のミスにつながらないように社内全員で共有し、改善を図る

重要なのは、「部下がミスを報告しやすい環境が作られているか？」ということです。ここに、上司としての資質が問われると言ってもいいでしょう。ミスを起こしても、この人に報告すれば何とか改善してもらえる、という安心感があれば、部下は躊躇せず積極的に仕事

にチャレンジできます。

ミスを起こしてしまったらどうしよう……と考えながらでは、のびのびと前向きに仕事に取り組むことはできません。その結果、お客様へのアクションも消極的になってしまい、顧客満足度が高められず、社員のモチベーションも低下してしまうでしょう。

私は仕事をする上で、「ミスは起こってもいいですが、その後が大切ですよ」と社員に伝えています。そして、ミスが発生したら、その原因を一緒に真剣に考えるという姿勢で向き合っています。

また、ミスが発生する背景にも着目するべきでしょう。本人の性質やスキルの問題ではなく、仕事の手順がミスの起こりやすいものになっている可能性もあります。その場合は、作業の順番を変更するかどうかも含めて分析します。

原因を突き止められたら、どのように改善したらよいか、対策を考えることに力を注ぎます。社員全員で話し合い、各々の意見を聞き、最善策に統一する必要があるでしょう。

どんな会社にも、ミスをした当人を責めたり怒鳴りつけたりする「怒る上司」はいるものです。しかし、このような上司の下で働く部下は、「これだけ怒りを向けられるとやる気が出ない」「どうして、こんなに自分ばかりが責められるのか」「もうついていくのは限界だ」などと感じ、職場を離れたいという心理が必ず起こります。もしくは、「この上司にミスを報告すると怖いから、報告せずに隠しておこう」という心理が働くかもしれません。

会社にとっては、この「ミスを隠す」という行動が、一番の大敵ではないでしょうか。非常に問題であるこの行動が、部下に見られるようになると致命的です。業務の改善もできなければ、顧客満足度を高めるどころか低下させることにもつながります。そして、上司はまったくフォローできないまま、売上も下がっていくことでしょう。

そう考えると、「ミスを報告しても、理不尽に怒られることはない」と部下が認識した上で仕事が行なえる環境が、社員にとって望ましいのではないでしょうか。ミスが発生したときに批判するのではなく、許して受け入れ、一緒に解決していく姿勢のほうがよほど大切です。その結果、安心感のあるチームで働いているという意識が社員の中に芽生え、自らリカバリーできる人材へと成長していきます。

私は朝礼で、このようなことを話したことがあります。

「みなさん人間ですから、ミスは誰にでもあります。私もミスをしたことはあります。ミスが起こったのは仕方がない。大切なのは、どうしてミスが起きたのか、その原因を全員で把握し、今後どうしたらそのミスが発生しないかを徹底的に話し合うことです。そして、その結論をもって業務のマニュアルを改善し、今後は同じミスを絶対に発生させないように全員で取り組みましょう」

このような態勢でミスに対応すると、ミスが発生するたびに、会社の業務スキルがどんどん上がっていきます。ミスが発生しない職場なんてないのですから、「ミスがあってもOK！」という考え方で対処すればよいのです。そうすれば、社員のモチベーションを下げることなく、逆にチームがまとまっていきます。社員全員が、「どうしたら改善できるか？」という視点で仕事に取り組めるようになります。

社員が、この「どうしたら改善できるか」という視点で日々の業務に取り組むことができるようになると、上司の元には改善提案が続々と届き始めます。そのときは、社員の意見をよく吟味して、意見や提案をしてくれたことに対する感謝の気持ちを伝えましょう。

どんな意見が出ても、まずは「そうだね！」「いいね！」と受け入れ、その後、全員で検討することができる職場であれば、社員の意識が高まって、どんどん会社経営に参画しようとしていくことでしょう。会社というものは、ミスが起こることで進化していきます。ミスは進化を進める宝物ととらえ、この宝物に磨きをかけていくイメージで業務に取り組むべきです。

それには、ノートに、

- どんなミスをしたのか？
- どうしてミスが起きたのか？
- ミスを防ぐには、どんな対策をすればよいか？

この3項目を記録してまとめるといいでしょう。このノートは「宝物ノート」になります。

ミスの発生は、仕事の質を向上させるためのチャンスになっているはずです。改善の積み重ねこそ企業の大きな財産ですから、二度と同じミスを繰り返さないように、原因と対策を社員全員でしっかり共有しましょう。

「宝物ノート」は、「ミスを発生させないために、自分はどのような仕事をするべきか」を、一人ひとりが考えられるようになる貴重なきっかけになることでしょう。

ポイント
ミスは、社内業務の改善につながると考えよう

ミスを報告しない体制のほうが怖い
ミスの報告ウェルカムの社風にしよう！

3-5 全パートスタッフがリーダーの役割を担う

仕事を部下に任せたいけれど、任せることができない。経営者には、企画・経営戦略以外にもたくさん課題があるのに、日々の業務や雑務に追われている……という悩みはないでしょうか？　社員に仕事を任せることは、意外に難しいことだと思います。

私も、自分ですべての業務を管理しないと心配で仕方がない、という状況が続いていました。仕事を部下に任せられない上司の心理を考えてみましょう。


「自分でやってしまったほうが早い」

「教えるのにも時間がかかるから、今日は自分でしておこう」

「任せても最終確認をしないと不安」


このような気持ちになってはいないでしょうか。一方、部下の心理としては、

「なかなか仕事を任せてもらえない」

「信頼してもらえていないのでは……」

「もっとチャレンジしたいことがあるけれど、今の状態だとやりがいが感じられない」という思いを抱えていることが考えられます。

私自身も、頭ではわかっていても、責任が伴うことですから、お客様に迷惑をかけたらどうしよう……と考えてしまい、なかなか権限委譲ができないでいました。

そんなある日、体調不良で起き上がれない日が3日ほど続き、自分の体力の限界を感じるとともに、このままではいけない、と強く認識したことがありました。このとき、すべての仕事を経営者が管理している状況にしていたことを反省しました。さらに深く考えてみると、経営者がすべてを管理しなければ成り立たない状況は、「仕事を任せられる部下が育っていない」ということにほかなりません。これでは事業が発展しない。それにようやく気がついた自分がいました。

体調が回復した私が、その日のうちに決意したのは、「全員がリーダーシップを発揮できる組織を作る！」ということでした。リーダーとサブリーダーの役割は以前から設けていましたが、それでも気がかりで、仕事の合間に顔を出してはすべての業務に私自身が関わっていました。

しかし、そんなことでは、いつまでたっても私の理想とする会社を作り上げることはできません。仕事を任せたなら、「信じて、見守ろう」と決め、心の中ではソワソワとしながらも、我慢することに決めました。

人はチャレンジして失敗し、経験を積みながら成長していきます。「失敗もウェルカム」の姿勢で、最初のうちは近いところから見守り、慣れてきたと感じたら少し離れて見守るように心がけました。その結果、今では、信頼できるすばらしいリーダーとサブリーダーが育ち、仕事を任せることができています。

私がリーダーに求める要素は3つあります。
①目標設定・ゴールを決めることができる
②目標達成のために自ら進んで動き、適切な指示が出せる
③一緒に働くメンバーのサポート・支援ができる
しかし、よく考えてみると、チームで仕事を進める上で、この3要素はリーダーの立場にある人だけでなく、仕事をするすべての社員に必要な要素と言えるのではないでしょうか。

すべての社員が、この3要素を実行できれば、すばらしい組織ができ上がります。私は、一緒に働くすべてのメンバーに、「リーダーの役割」ができるようになってほしいと考えるようになりました。

そのためには、どうすればよいのでしょうか？　悩み、考え、出した答えは、朝のミーティング時に、日替わりでリーダーとサブリーダーを指名するという方法です。ローテーションですべてのパートスタッフに、リーダー、サブリーダーの役割が回るように育てていこうと決意しました。

リーダー役ができるようになるためには、まずサブリーダーとして業務に入ってもらい、リーダーに教育してもらいます。また、この2つの役割以外にも、

●リーダーとサブリーダーが忙しいときに指示を出す「指示・コーディネート係」
●仕事歴の浅い人を教育する「教育係」
●仕事がスムーズに進むように手配する「整理担当係」

など、その日の状況に合わせて、どのような役割の人がいれば仕事がスムーズに進むかを考え、一人ひとりに担当を割り振りながら業務を進めていきます。

弊社は、引出物の出荷作業をチームで行なっていますが、リーダーやサブリーダーが打ち合わせに時間を要することもあります。その時、周囲のメンバーには、空白の時間が発生します。その空白の時間に、「どんな仕事をしておけば、チームが助かるだろうか？」と一人ひとりが考えて仕事ができるようになってほしいのです。そのためには、スタッフそれぞれに役割を振っておくと、各自に受け持ちができるため、指示がなくても自身の役割を行ないながら、メインの業務を進めようという姿勢になります。

たとえば、入社歴1年のAさんに、新入社員の指導ができるようになってほしければ、「教育係」に任命します。また、大きな視点で現場を見て、他のスタッフに指示する力を養ってほしければ、「指示・コーディネート係」に任命します。

このようにして、各自に役割を与えて仕事をしてもらうと、成長するスピードが速くなります。これを日々繰り返して実践を継続していくと、「役割を与えられなくても、状況を把握し、今するべきことを考えて動く」ということが身についてきたと感じるようになるでしょう。

私は、スタッフに担当を任命するときに、まずは「どのような仕事ができるようになりたいと思って働いているのか？」と考え、もう少し深く掘り下げて「趣味や得意分野は何だろうか？」というところまで考えます。

最初は、得意なポジションを任せて成功体験を積ませ、最終的にはリーダー役ができるように教育していきます。社員のモチベーションを高めるには、まずは一緒に働く社員のことをよく知る必要があります。その上で、強みである〝得意〟を生かせる仕事を任せたり、やりがいが感じられる仕事を任せるなどして組織をコーディネートしていくと、モチベーションの高い組織ができ上がります。

大人数の社員を抱える会社では、チームの人数を7〜10人単位に分けて実践してみてください。必ず結果はついてくるでしょう。

ポイント

小人数のグループに分け、全員がリーダー・サブリーダーの役割をできるようなマネジメントを！　仕事ができる組織に生まれ変わります

3-6 業務改善提案が会社を成長させる

「社員から、生き生きとした活発な意見が飛び交うような職場を作りたいが、なかなかうまくいかない」という声が、多くの経営者から聞こえてきます。社員が自ら創意工夫して仕事をし、前向きに仕事に取り組めるようになるためには、「業務改善の提案」が気軽にできる環境を作ることが一番の近道だと考えます。

会社で働いたことがある人は、

- 自身の考えを、なかなか上司に伝えることができない
- 上司に意見を伝えても採用してもらえない
- よい提案をしたつもりだが、さらっと流されて反応がない
- 勇気を出して伝えたが、「いいね！」という反応ではなかった
- 上下関係が厳しくて、下から上へ提案できる雰囲気ではない

といった経験をしたことが、少なからずあるのではないでしょうか。このような状況では、従業員は何を言っても無駄だと思ってしまい、積極的な行動を控えてしまいがちです。

自分の考えを上司に伝えるのは、部下にとって非常に勇気がいることです。経営者・管理

者は、それをよく理解した上で、経営層と従業員が直接、密にコミュニケーションできる組織、「フラットな組織」を作っていくことが必要です。

そしてもうひとつ、経営者は「どんな小さな提案でもよいので、どんどん提案を上げてほしい」ということを社員に伝える努力をすることも大切です。「自分の意見を会社に伝えるなんて、とてもできない……」「そんなことしていいのかな……?」と悩んでいる社員もいるはずです。経営者・管理者の「ちょっとしたことでも、何でも遠慮なく相談してほしい」という気持ちが社員に伝わっていれば、社員は安心して働くことができるし、やりがいも自然と生まれてくることでしょう。

最近、企業活動において「イノベーション」という言葉をよく耳にします。私は、このイノベーションが生み出せる企業ほど、日々の業務改善提案が活発に行なわれている傾向があるのではないか、と考えています。

イノベーションを起こすには、これまでに前例がないことに取り組む必要があるので、社員全員が「もっとこうなったら素敵だな。こんなことができればいいな」と感じながら仕事に取り組める環境が必要です。会社を、アイデアや改善策を自由に述べられる「場」に育てていくことを考えなければなりません。

しかし、このような取り組みをすぐに実現・浸透させることは困難です。まずは社員全員が、身近なところから業務の改善提案ができる職場を目標にして日々の自己研鑽を優先させると、自然にイノベーションに結びつく提案ができる職場へと成長していきます。

弊社では毎日、何かしらの「改善」が発生しています。翌日に出社すると、これまでと業務の進め方が変わっている、ということがよくあるのです。そのため、朝礼では前日の「改善事項」を全員に伝えることからスタートします。

その「改善」は、本当に「ちょっとした改善」の積み重ねです。改善の事例を簡単に紹介しましょう。

- 事務処理の過程で、○○○のチェックポイントを追加したほうがよいのでは?
- 書類を回す順番を変更したほうがよいのでは?
- 在庫管理の表が見にくいので、○○○のように改善したらどうか?
- お客様アンケートの中に、○○○の項目を追加したらどうか?
- 会社のWebサイトに、お客様のマイページを作りたい。そこに、○○○のようなカテゴリを設けるとよいのではないか?

●資料請求の同梱物で、私たちのチーム力をもっと伝えたい。○○○のようなイメージのパンフレットを作ったらどうだろうか？
●インスタグラムの反応が悪い。○○のテーマも増やしながら投稿したらどうか？
●FAXの位置を1m変えるだけで、導線がよくなるのではないか？

これらの改善は些細なものですが、続けていくと会社の経営戦略にまで影響するような、大きな気づきを得られることも多くあります。従来の進め方を見直すことで、「時間の効率化」「生産性アップ」「社員のモチベーションアップ」が図れ、さらには、「私たちも経営に参画している。みんなで作っている会社である」という意識が社員に生まれました。これは「変革」と言っていい、大きな向上だと思います。

業務改善は、「ちょっとした改善」「小さな改善」でよいのです。この小さな改善を積み重ね、そのつど、賞賛の気持ちを伝えることが社員のやりがいにつながっていきます。そして、社員から改善提案が上がってきたら、どんなに忙しくても、さえない反応をしないでください。また、「No」という言葉も使わないようにしてください。社員から上がった提案が実現できそうにないものだと感じても、一緒に考えることにより、落とし所を発掘したり、一部でも実現できないかを検討してみてください。

そして、社員からの提案を採用したときには、朝のミーティングにおいて、全員の前で「○○さんから、このような改善提案をいただきました。その結果、◎◎のように業務が改善できたので報告します！　本当にすばらしい提案でうれしく思っています。ありがとう！」と、本人を含めて社員全員がいる前で伝えてあげてください。

このように、社員からの声を実行に移していることを「見える化」しながら、改善を積み重ねていけば、会社として成長し続けることは間違いありません。

ポイント

業務改善提案があがってきたら、「ありがとう」と承認しよう！

アイデアや改善策を自由に述べられる「場」に育てることは、イノベーションが生まれることにつながる

3-7 仕事の進め方・段取り力を全員で高めていく

働き方改革が叫ばれる中、企業には「生産性を上げる」組織を構築することが求められています。そして、「いかにして仕事を効率化するか」を考えて時間を管理し、自ら動ける人材となるように社員を育てていく必要があります。ここで重要なのは、社内全員で「仕事の進め方」「段取り力」を高めていくことを考えなければならないということです。

2人で進めていた日常業務を3人体制にしたら、作業時間が4分の1に短縮した、という経験はありませんか？　1人と1人の力の和が2ではなく、3以上の効果を生み出すという相乗効果の力を目の当たりにしたことがある方も多いのではないでしょうか。

弊社では、日頃の仕事で、この相乗効果の力を全員が認知できるように教育しています。工数がかかる部分にしかるべき人数を追加して、早めに終了できるように段取りを組めば、余った時間で残りの仕事を分担して業務を終わらせることができるでしょう。「1＋1＝3以上」の力を生み出すためには、「段取り力」が非常に大切なのです。

まず、朝のミーティングで、その日の業務の「見える化」を行ないます。見える化とは、

「表面上にないものを、全員が把握できるように可視化する」ことです。それには、所属する部署のその日の業務がどのくらいの量であるかを、全員が把握していなければなりません。そして、個々の担当業務の他に、「社内全体でやるべきこと」が見えるようになると、早く仕事が終わった社員は、他の人のヘルプに入ろうと動くようになります。「見える化」されていなければ、担当業務を就業時間内に終わらせればよいという認識で、仕事に携わるという結果になるでしょう。

効率的に仕事ができる人は、次の5つのポイントができています。

1．仕事の量が把握できている

業務内容を聞いたら、いつまでにどれだけの業務をさばく必要があるかがイメージでき、頭の中にスケジュールが描けている。

2．完璧主義でない

重要ポイントを見落とさずに仕事ができる。要するに、無駄を上手に省きながら仕事が進められる能力を持っている人です。時間は有限で期日があります。完璧にこだわらず、優先順位を上手につけて仕事を進めることが必要なのです。

3．周囲とコミュニケーションがとれている

自分の業務の進捗状況を周囲に伝達しながら仕事をしていれば、周囲からのヘルプが自然と得られます。進行につまずいたとき、周囲が気づかなければ予想外に時間を要するかもしれません。それを防ぐためにも、「根回し」は非常に重要です。

4．進め方に悩んだら周囲に相談する

仕事でわからないことがあったときに、上司や同僚からの助言があれば一瞬で解決することができるかもしれません。周囲に遠慮なく助けを望める能力も必要です。

5．整理整頓ができている

整理整頓が上手な人は、概して仕事も速いものです。すべてが整理されていれば、最短距離でやるべきことに取りかかることができます。作業効率を上げるには、必要なデータがどこにあるのかを把握しておくことが必要です。

私は、日常業務において、次のことを気に留めて経営しています。

【仕事の生産性を上げるために考えるべき5つのポイント】

①社員がどのような才能を秘めているか。それをどう発揮させるか
②日常の業務を、どのタイミングで、誰に依頼したらスムーズに進むか
③社員の仕事の進め方を確認した上で、改善点はないか

④誰に何を任せるべきか
⑤全員が、経営者と同じ視点で時間管理するにはどうしたらよいか

仕事は「チーム」で進行していきます。エールを送り合うことで一致団結した力強いプレーができるスポーツのように、仕事も「段取り」と「コミュニケーション」がともに備わって、初めてスムーズな進行が可能になります。

私は、入社間もない新入社員が、狭い視野で一人必死に仕事をしていたり、空回りしている姿を目にしたら、声をかけて、社内が見渡せる場所に立って他の社員の様子を見せます。それぞれの社員が何をしているのかを客観的に見てもらうのです。「業務を客観的に見られる時間」を作り、効率よく働いている自分をイメージしてもらうのもひとつの方法でしょう。

社内の仕事の段取り力を上げるには、自分の役割と現状、そして他の社員の役割と現状を意識してもらうことが大切だと思います。

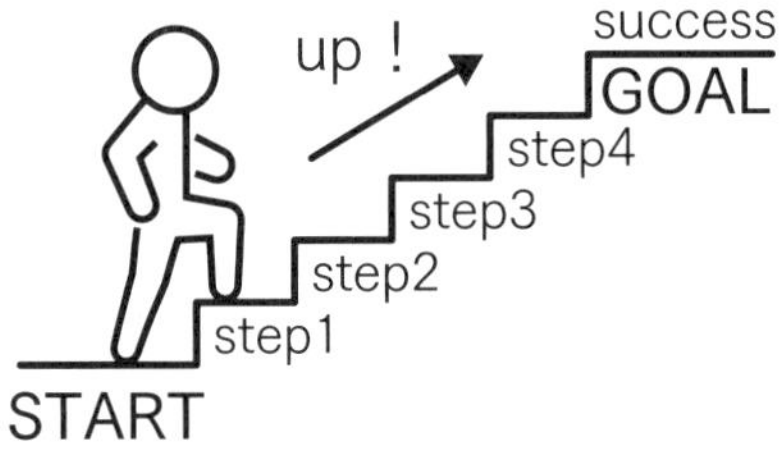

ポイント
「1＋1＝3以上」の力を生み出すためには、「段取り力」が重要
社内の業務を「見える化」して全員で考えよう！

3-8 一流は「先読み」ができる人

あなたの近くに、「あの人は、なぜあれほど要領よくスピーディーに仕事ができるのだろう」と思う人はいませんか？　入社してそれほど長くないのに、すべての仕事を早い段階で習得し、仕事をどんどんこなしていく。1年後には、同期入社の社員との間に大きな差がついていたというケースは、どんな会社でもよくあります。なぜ、このような差が生まれるのかを考えたとき、私はある共通点に気がつきました。それは「先読み力」があるかどうか、ということです。

仕事ができる人は、少し先の未来を予測しながら仕事をしています。さらには、「今はこのようなことが起きている。では、この後はどうなるだろうか？」「もっとよくするには、どうしたらいいだろうか？」と、過去・現在・未来の時間軸で物事を捉えて仕事をしている

のです。そのような人は、他人の心理やその場の空気を読む力も持ち合わせています。たとえば、取引先にプレゼンテーションする時、お客様から問い合わせの電話が入った時、相手が望んでいることや、不安に思っている気持ちを予測して対処できる。先回りで仕事ができる人とは、そのような人のことを言うのでしょう。

取引先との商談後、先方の担当者から問い合わせの電話があったとします。先読み力のある人はここで、「このような質問をされたということは、価格面を気にされているのでは？売上につながるように、次の交渉では価格の部分を納得させる必要がある。わが社の強み・サービス力に関する資料も準備しておこう」という思考が働きます。経験を踏まえ、次に起こるであろうことを予測して動くわけです。さらには、「次に電話が来た時に、社内で対応できるよう、お客様の悩みをカルテに書き留め、誰が見てもわかるようにマーカーで印をつけておこう」と、社内の誰でも対応できるように対策を考えて実行します。このような行動をとれるのが、「先回りできる一流の人」です。

また、先回りできる人の多くは、自分の中にたくさんの引き出しを持っています。どんな仕事が来ても、その引き出しからすぐに必要な情報をピックアップできるように準備を整えています。たとえば、仕事に失敗した時、ミスを上司に報告して謝ることは誰にでもできます。先読みができる人はそれに加えて、ミスにより生じた事態のその後を見据えた解決策まで自分で引き出し、上司に提案をすることができます。

もうひとつ、具体的な事例をご紹介しましょう。お客様から電話で問い合わせが入りました。質問に対して滞りなく適切に答えられれば、一般的には合格とされるかもしれません。しかし、現実の仕事で求められるのは、質問に答えることだけではありません。その問い合わせにどう対応したら売上につながるのか。これを会社は求めています。

先読みができる人は、お客様からの問い合わせに対して答えを提供するのはもちろんのこと、「真の悩みは何だろうか？」と、その質問が出された背景を考えます。そして、どう問いかけたら、その悩みを聞き出せるかを考えて対応します。会話しながら上手にヒアリングし、状況を分析するのです。このスキルが身につくと、「相手はこのような結果を希望しているのだろう」と予測が立てられるようになります。それが見えたら、悩みを解決して希望を実現させる方法に焦点を絞り、提案すればよいのです。

問い合わせがあった時のゴールを、担当業務が滞りなく終了すればいいとするのか、会社の売上につなげることを考えるのか。ここで、問い合わせへの対応内容がまったく変わることに気がつかなければなりません。

先回りの仕事をするには、「先読み力」を磨く必要があります。そのため、弊社では先回りで仕事ができる人材の育成を図り、日々の業務の中でトレーニングを行なっています。トレーニングと言っても、いたって簡単です。書類は最終的に社長である私に回ってきますが、その際に処理した人の名前を必ず書いてもらっています。仮に、先回り対処ができていない書類が回ってきたら、何が不足していたかを担当者に考えてもらいます。そして、「どう対処するのがよかったのか」をレクチャーして、「先読み力」の訓練を継続して行ないます。

行動する前に「もっとよい方法はないか？」と、自分に問い掛ける習慣がつくと、能力は研ぎ澄まされていきます。社内でその日の業務を振り返り、「よりよい仕事ができるような改善案」を話し合ってみるのも、先読み力のトレーニングになるでしょう。

先日、弊社に大切なお客様がいらっしゃった時のことです。あるスタッフがおしゃれなパッケージのミネラルウォーターに、社名とウェルカムメッセージが書かれたリボンを付けて出してくれました。これは「暑い中、来社してくださったことへの感謝をお伝えするとともに、喜んでいただきたい。また、よりよい関係性へと発展する手助けになるかもしれない」と、次のステップまで考えてとった行動でした。このような先読みの行動習慣は、たとえば買い物に行く時、子どもと出かける時など、日常のさまざまなシーンで実践することで身につき、繰り返すほどブラッシュアップしていきます。

ある意味、先読み力がある人とは、相手がどのように感じているかを読み取るのが上手な人、気配り・心配りができる人なのかもしれません。そうであれば、先を考える習慣は、あなた自身の人生をも、よりすばらしいものにしてくれることでしょう。

私は、相手のことを考え、相手のためになる行動をとるという優しい配慮が、先回りという行動につながると考えています。経営者は、お客様にだけでなく、社員にも先回りの心配りができると、より心地のよい社風を構築していけるのではないでしょうか。

ポイント

回って来た書類をチェックするときに、先読みした仕事ができているか？

その視点で見てみよう！

先読みできていないと感じる部分は、そのつどフィードバックを！

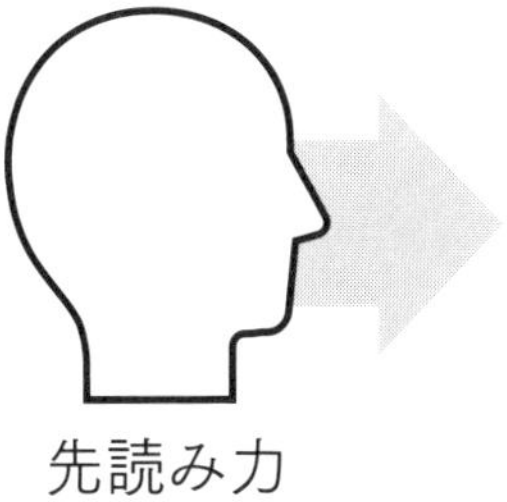

4章　仕事のやりがい

4-1 経営者脳を持つ社員を育てよう！

「経営者脳」という言葉があります。経営者の資質という部分で考えたときに、まず思いつくのは、「数字に敏感」「情報を収集するアンテナ力がある」「言葉を聞き逃さない」「時間感覚がある」「周囲の状況を見極める力がある」といったことでしょう。私はこれらの資質とともに、物事を三次元、四次元で捉えて思考する力が、経営者には必要だと考えています。

「経営者脳」とは、この思考ができる力のことなのです。

「物事を三次元、四次元で捉え、思考する」とはどのようなことかは、後ほど触れるとして、変化のスピードがどんどん速くなる中、経営者脳を持つのが社長1人だけでは、会社の成功・躍進はなかなか難しく、業績を上げ続けるのにも、いずれ限界が見えてきます。しかし、社員全員が、世の情勢や同じ業界の動向にアンテナを立てて、ふだんからインプットを欠かさずにいられたらどうでしょうか？

日常生活の中で、テレビやインターネット、SNSから情報が入ってきた時に、「このような商品が世の中でヒットしているのはなぜだろう？」「うちの会社なら、どんなことができるだろうか？」そんなことを、日々の暮らしの中で考えてくれる社員の存在は、経営者にとって実に心強いものです。たとえば、旅行先の土産物屋で素敵なモノに出会った時に、

「わあ！　これすごくイイ。買えてよかった〜！」とうれしさを感じて終わらせるのか。それとも、「このパッケージのデザインはどこから発想したんだろう？」「お客さんには、どんなところが受け入れられているのかな？」「素材は何だろうか？」「どうやって集客しているのかな。ＰＯＰは？」「会社でも紹介したいから、提携できないか、社長と相談してみようかな？」など、一つひとつの商品から自社につながる課題を見出して考えることができたならどうでしょうか。

つい先日、プライベートのお土産で、会社にスイーツを買ってきてくれたスタッフから、「お気に入りのお菓子屋さんがイベントに出店していたので、お菓子を買ったときに会社のパンフレットをお店の方に渡してきました。提携できたら素敵だと思うのですが、いかがでしょうか？」という提案がありました。スタッフのその行動力を、心強く感じたことが思い出されます。

彼女の行動を、なぜ評価したのかを説明すると、物事を見る時に正面からだけでなく、横からも後ろからも上からも見るイメージで捉えて考える「三次元の思考」ができていたからです。そして、思考だけですませず行動したことに、私は頼もしさと成長を感じました。日常の中にある出来事の一つひとつに対して、深掘りすることなくスルッと通り過ぎて行ってしまう人とでは、たどり着く先が大きく違ってくるはずです。

「三次元の思考」ができる人は、仕事の依頼を受けたらまず、「どうして、このような依頼が来たのか?」「先方は何に困っているのだろうか?」「競合他社はできないけれど、わが社ならできる、ということが何かないだろうか?」という思考を働かせます。このような思考力は、日常業務を一つひとつ細分化して考えたときにも強みになります。

さらに深く、「四次元の思考」ができる人もいます。私は、「三次元思考」にもうひとつ「時間軸」をプラスした、この「四次元思考」が経営者に求められる要素だと考えています。これは、会社の将来・未来をイメージしたうえで、今現在どうするべきかを考えられる力です。過去・現在・未来を追求し、全体を把握して時系列で物事を考えられると、会社にとって何が必要か、やるべきことが変わってくることに気がつくでしょう。

経営者は、会社の売上をどう伸ばしていけばよいかを、1分1秒常に考えながら生活しています。共に働いてくれる社員が、経営者と同じ思考をもって仕事をしてくれるのであれば、経営者にとって、これほど頼もしく喜ばしいことはないでしょう。会社の成長には、経営者も社員もみんなで共に会社を作り上げているという感覚が欠かせません。

多くの従業員は、与えられた業務を時間内にすることが仕事の第一だと認識しているかもしれません。それがよくないわけではありませんが、もし、社員全員が「従業員脳」から脱却し、「経営者脳」を持つことができたなら、社員がイキイキと働くすばらしい職場になり、それに伴い売上も向上していくことは間違いありません。

ポイント

全社員・全パート社員が「経営者脳」を持ち備えた人材に育つように、マネジメントを行なうことが大切！

4-2　プロフェッショナルって？

今の時代、「プロフェッショナル」という言葉を知らない人はいないでしょう。辞書には、「あるものごとを生計の手段として行なう人。専門家。専門的な」とあります。そして、英和辞典を見ると、それだけでなく「Professional」は「専門家にふさわしい、または適している人。有能な、熟練した」ことを意味する言葉であることもわかります。

会社は、この専門的かつ熟練した「プロ」が集まる集団でなければならない、と私は考えています。なぜなら、規模の小さな会社では、プロ意識が欠けた社員がいるだけで、周囲に大きく影響し、経営の力が弱まってしまうからです。一方、社員が働きがいをもって仕事に取り組める職場であれば、発揮される力は数倍にもなり、活気にあふれた会社となることでしょう。

では、真の意味でのプロフェッショナル集団とは、どのような集団でしょうか？　社員全員が会社の持つ大きな目標やビジョンに向かって、人として成長し、上司、先輩、同僚、部下が一団となってお互いに高め合える関係性を築いた中で仕事に取り組めるメンバーの集まり。それが「プロフェッショナル集団」だと私は思います。

私が、仕事に「プロフェッショナルとしての意識」が必要だと考えるのは、プロフェッショナルの前提に、向上心と絶えずチャレンジする精神力・行動力がある、ということがあります。それらは自分自身を成長させてくれ、自身の成長は幸福感をもたらしてくれます。単純に言えば、プロ意識を持って仕事にのぞむ人は幸福感を得やすいのです。

経営者が会社の成長を求めるのは当然ですが、それと同じくらい社員の幸せも願っているはずです。私自身、「社員全員で支え合いながら研鑽を積み、お互いに高め合うことができる組織を作り上げたい。社員の個々の能力を最大限に開花させて、社員みんなが自分自身を誇れるようにしたい」という思いで、会社と社員に向き合ってきました。経営者にとって、社員の幸せは優先順位が高く、だからこそ、社員がプロフェッショナルな人材へと成長するための支援、社員教育は、とても重要な課題となるのです。

会社を起業して一番うれしいのは、「生き生き、ワクワクしている社員」と共に働けることです。そのような魅力的なスタッフには共通した特徴がありますが、それがどのような特徴なのか、ここでご紹介しましょう。

①仕事に対して責任感がある
②妥協せずに仕事に取り組む
③仕事が速く、かつ丁寧である
④一緒に働くメンバーのことを考えて仕事を進めることができる
⑤お客様の立場で物事を考えられる
⑥仕事をやり遂げた時の達成感を喜びと感じられる
⑦常に目標意識があり、自身の能力を向上させたいと考えている
⑧事前準備に対する意識が高く、配慮を怠らない

⑨受け身ではなく、積極的な意識で仕事に取り組める
⑩日常生活でもアンテナを張り、それを仕事に生かすことができる
これらは、まさに「プロ意識」を表わす特徴ではないでしょうか。

と言っても、プロ意識を持ってほしいと願っても、当人が「持ちたい」と思えば備わるというものではありません。その人自身が、仕事に対する意識を見つめ直し、変えようとすることが重要です。それに加えて、「どうしたら、ステップアップできるだろうか？」と考え続ける姿勢と、自分達の仕事や提供するサービスがお客様の喜びにつながっているという「誇り」を感じることが、プロ意識を高めるのに必要不可欠な要素だと感じます。

弊社で働いているスタッフと初めて会ったのは、採用面接の日です。その日、一人ひとりがどのようであったか、今思い返すと、「初めて会った時の印象」と「現在の印象」が、私の中でまったく異なるのです。

どう変化したのか。それは、格段に「魅力的な女性」に進化したと言っていいと思います。一目見た時に、まず顔の表情が生き生きしているし、綺麗になって自信に満ちあふれています。

ポイント
自分達の仕事がお客様の喜びにつながっているという「誇り」を感じることが、プロ意識を高めるのに必要不可欠な要素である

4-3 お客様の声を大切にする！

業務の中で、社員にとって一番のエネルギーにつながる源は何か。そう考えたことはありませんか？　私は、就業中の社員が一番うれしそうな表情をするのはどんな時だろうかと、仕事をしたり会話をする社員の様子を観察してみたことがあります。

その観察で、スタッフのエネルギー源はこれだ！　と感じたのが「お客様の声」でした。実際、「お客様の声」は、会社経営で一番大切な宝物であり、会社を成長させるためのカギがたくさん詰まっています。また、お客様の不便や、「こうなったらいいのに」という要望を解消する商品やサービスを誕生させるきっかけにもなります。

今の時代、顧客満足度向上を目的に、多くの企業がお客様へのアンケート調査を実施されていることでしょう。では、アンケートを取った後はその結果をどのように活用されていますか？　読んで終わり、ではなく、その後に何をするかがとても大切だと思うのです。どのような活用法があるか、どうしたら有用な資源になるのか、を考えてみましょう。

◆お客様の声をスタッフへ届ける

「お客様の声」を、社員全員が把握していますか？　一所懸命働き、成果を上司や同僚から承認・評価されることは喜びと自信につながりますが、それ以上に、お客様自身から「よかったです！　ありがとう」と感謝の気持ちを伝えられることは、うれしさと達成感を生み出します。そのため、お客様からいただいた「声」を、朝礼で全員に披露しています。お客様は、具体的にどんなところがよかったと感じられたのか、それがわかると、さらにそのよさを強化しようという気持ちに発展していきます。

弊社の事例ではありませんが、『これはいいな！』と感じた他社の取り組みをご紹介します。友人の会社では、壁に「お客様の声」コーナーを設置し、魅力あるデコレーションで素敵な空間を作り出しています。コーナーの前は、テーブルとイスを備えた休憩スペースになっていて、社員がゆっくりとお客様の声を読める配慮がなされています。社員は、自分達の仕事が認められていることを感じられるこのスペースが気に入っている様子でした。

お客様に、よりよいサービスを提供したいという思いが生まれれば、さらに責任感は増していき、モチベーションも高まることは間違いありません。

◆レビューの設置

インターネットで商品を購入するときに、まずレビュー（お客様の声）を見て、口コミ評価を確認するのが当たり前になりつつあります。お客様の声の掲載があるかないかで、実際に売上は左右されます。そして、企業が自社広告などでどんなにアピールしても、お客様からは〝売り込み〟と判断され、逆に反感を持たれるケースも少なくありません。一方、「お客様の声」は、実際に購入した消費者が自発的に発信した感想や評価ですから、強い説得力を持っています。会社としてのＰＲでは伝えにくいようなアピールポイントも、「お客様の声」の中で語られたなら、消費者の心に効果的に響く発信となり得るのです。

◆新商品やサービス開発につながる

「お客様の声」から、商品に対する満足点と不満を感じる点の両面が得られます。不満点に着目することでサービスの改善につながり、新しい企画が生まれるヒントにもなります。

◆アンケート結果をもとに、会社のウェブサイトを充実させる

会社のサイトにどのようなコンテンツを載せればいいか、悩んだことはありませんか？ その答えは、アンケートで得られた「お客様の声」を活用すると見えてきます。お客様の声を分析することで、何を伝えるとよいか、何を載せるとお客様の役に立つかが浮かび上がってきます。また、Google の検索順位を決定するアルゴリズムの評価基準も圧倒的なユーザー視点ですから、その意味でも、お客様の意見の分析を後回しにはできません。お客様に価値ある内容を発信するためにも、「お客様の声」をしっかりと活用してください。

◆お客様アンケートの結果はSEO対策につながる

弊社では、アンケート結果をお客様の声として私のブログで紹介する取り組みをしています。商品やサービスについて書かれたお客様の声には、多くのキーワードが盛り込まれています。そのような「声」をサイトに掲載することで、SEO対策になる効果もあるのです。

◆人材育成につながる

　お客様の声を蓄積していくと、会社に何が求められているのかが見えてくるでしょう。その結果、スタッフはどのような対応が必要なのかに気づき、業務の改善や自身のスキルアップにつなげることができます。
　このように「お客様の声」を伺い、「おほめの声」「心配の声」といったすべての声を拾い上げ、社内で共有することを心掛けています。私は、全社員がこのような共通認識を持って仕事に取り組んでいることが、すばらしい連帯感を生み出すとともに、「企画力」「開発力」を磨き上げることにもつながっていると感じています。

お客様の声

ポイント

お客様の声は社員が共有することが大切
社内業務の改善、新商品の開発、社員のモチベーションアップなど、さまざまな効果がある！

4-4 全社員参加型経営の実践

経営者であれば、「社員が一致団結し、全員が参画する経営を実現したい」と考えることがあるのではないでしょうか。全員参加型経営とは、理念の共有、戦略の実行、すべての業務のプロセスにおいて、全社員がアイデアや知恵を出し合い、それを実践していく経営のスタイルです。

経営者は常日頃から、自分が考えて行動しないと会社は存続しないという危機感を持っています。そして、社員は出社して、やるべき業務をしていれば給与がもらえる立場です。経営者からすれば、社員に「もう少し経営の視点で考えて仕事をしてくれたら……」「コスト面を考えた仕事のあり方を考えてくれたら……」などと思うこともあるかもしれません。しかし、社員の側では「経営の視点と言われても……」「コストと言っても、この程度なら問題ないだろう」という思いがあっても不思議ではないでしょう。経営者と社員では、立場が異なるのは当然です。

そのような背景から、実際に「全社員参加型経営」の実践ができている会社は、まだ少ないのではないかと私は考えています。また、経営者の中には、実践したくても従業員が皆正社員でなければ、全員参加型のような経営スタイルは無理だろう、と思われる方も多いのではないでしょうか。

しかし、これまでの経験から私は「雇用スタイルに関係なく、全社員参加型経営の実現は可能です！」と、経営者のみなさんに宣言します。

全社員参加型経営は、大企業より、小さい組織である中小企業に向いています。もっと言えば、組織が小さいからこそできる経営スタイルなのです。やってみようと思ったら、社員を前に「全社員参加型経営を実践したい」と宣言してみてください。そのときに、業界の動向や現状などを社内で共有し、会社も社員もともに成長するためには、仕事のやりかたとして、業務をこなすだけのスタイルから、全員で創出に向けて動いていくスタイルに変革する必要があること。また、そのためには全社員の協力が不可欠であること。この2点を、社員全員に伝えることが重要です。

経営者と社員に、「信頼関係」が構築できているかも考慮しましょう。社員が意見を述べるときに、「こんなことを言ってよいのだろうか？」と躊躇する空気が少しでもあるのなら、信頼関係が成り立っていないと判断すべきです。信頼関係があれば社員は自由に発言し、気兼ねなくアウトプットできる環境では、小さな意見も上がりやすくなります。まずは、社員が自由に発言できる環境へと、職場を土台から作り変えていくことが大切なのです。

土台ができていれば、次に、社員全員が会社の目標とゴールを把握しているか、社員が経営方針を熟知しているか、を人材にフォーカスして考えてみてください。社員が、会社の目標はどこにあり、どのように進もうとしているのかを認識できていなければ、会社での自身の役割と立ち位置を見出すこともできないでしょう。会社がより強固な組織となるには、会社の中での自分の強みが何かを把握し、そして、今後どの範囲まで仕事を習得すればよいかを考え、実践できる人材を増やしていく必要があるのです。

全員参加型経営を実践するには、「自分達で会社を作り上げている」ことを、ワクワクしながら楽しめる感覚を、社員全員に持ってもらうことが一番の近道です。

「世の中に向けて、新しいことを発信するためのアイデアを生み出し、企画を立てて実現できる私達ってすごい！」

「それが、世間に評価されるってすごい！」

社員が、このような感動の連鎖を体感できる企業は、必ず発展します。

ある日の朝礼で、目が潤む出来事がありました。「全員参加型経営は、なんてすばらしいんだろう！」と感じさせてくれた社員全員に対して、感謝の気持ちとともに涙があふれ出てきたのです（この出来事については5章でお話しします）。

会社を存続させるために、経営者はいろいろなことを考えなければならず、時には辛くなることもあります。しかし、私が経営者になって一番うれしいと感じるのは、「今いるスタッフ達と、この先もずっと働き続けたい」と思えていることと、会社づくりの楽しさを知ったことです。全社員を巻き込んだ経営を成功させるには、経営者の熱い情熱を社員に発信し続けること。それが成功の秘訣です。

ポイント

「自分達で会社を作り上げている」というワクワク感を、社員全員に持ってもらうことが成功の近道

4-5 社員の中に眠っている才能を掘り起こす

人の能力には二つの種類があります。ひとつは顕在能力、もうひとつは潜在能力です。顕在能力とは、自分自身がその能力に気づいていて、なおかつ他の人からも認められている能力のことです。また潜在能力とは、身の内に潜んでいて表面化していない能力です。そのため、本人に自覚はなく、よほど注意深くその人を見ている人でなければ、気づくことはできません。

子育てする親は、常に「この子は何に向いていて、何に適性があるのだろう？」『隠れた才能はあるのだろうか？』と自問しながら、子どもに向き合っていくものです。それは会社の社員教育でも同様で、経営者は社員の適性を把握しようとするし、社員が持つ潜在能力をどのように開花させたらよいかを考え、働きかけます。そうするうちに、社員本人が予想もしていなかった仕事をこなせるようになった、認識していなかった自身の実力に気づいて、存分に力を発揮できるようになった、というシーンがきっと訪れることでしょう。

従業員が身の内に眠らせている才能を、経営者が引き出せたら、従業員にとっても会社にとっても、こんなによいことはありません。それには、「潜在能力を引き出すには、どのようなマネジメントをしていけばよいか」という視点で、従業員一人ひとりを観察・分析することです。

では、従業員の才能を開花させられるマネジメントとはどのようなものでしょうか？　一番大切なのは、経営者が「従業員の人となりをよく知る努力をすること」だと、私は考えています。常日頃からの積極的なコミュニケーションがその第一歩で、会話や物事に取り組む姿勢から、その人の内なる要望や能力の片鱗に気づく力も必要です。そして、才能を掘り起こすための働きかけを、日々試してみてください。

従業員に対して、「あの企画・業務を任せたら、素敵な仕事をしてくれるのではないか？」と感じたら、相手がどのように対応するか仮説を立てた上で、その仕事を与えてみます。もしかしたら、初めて経験する業務かもしれませんが、周囲のサポートを受けながら試行錯誤する中で、会社が求めているスキルや能力が見つかることもあるのです。

先日私が、ある業務を2人のスタッフに担当してもらったときの話をご紹介しましょう。Aさんと Bさんは、出荷業務をメインに担当しているスタッフですが、その日はたまたま出荷業務が早く終わり、時間に余裕がありました。そこで、まったく別の業務に携わるよい機会になると思い、お客様向けニュースレターの作成をお願いしました。

どちらか1人に任せてもよかったのですが、2人でするようにと頼んだのは、日頃から掛け合いのようなやりとりをしている姿を見ていたからです。Aさんの活動的で自由な発想力と、全体を俯瞰的に見つつ鋭い視点も持ったBさんの資質を掛け合わせれば、きっとすばらしい効果がもたらされ、面白いものが生み出されるだろうと予測しました。

2人はとても仲がよく、楽しく会話しているだけに見えても、その中でいろいろとアイデアを出してくれていましたから、私は特に助言することもなく任せ切りにしていました。すると、ものの2時間ほどで「できました！」と報告に来てくれたのです。

原稿作成は、初めて担当させた仕事です。いったいどんな出来栄えだろうか、とドキドキしながら見てみると、経営者の私が考えたなら堅くなりそうな内容が、見事に楽しく活動的に、具体的に表現されていました。構成もスムーズでよく考えられています。うれしさと驚きで、「これはすごいものができたね！」と言う私に、2人は口をそろえて、「私たちもなかなかやるな！　と驚いています」と、生き生きした表情で返してくれました。

新たな挑戦を与えることで、隠れた能力や適正が表面化し、本人にとっても大きな自分発見につながることがあります。また、1人の力では難しくても、2人で取り組むことで相乗効果が生まれ、より成功しやすいということもあります。

「仕事はこなせているけれど、何か違う」
「会社で自分の才能が活かせていない」
「なかなか、自分の才能を認めてもらえない」

このように感じながら働いている人が、世の中には大勢います。そして、「給料をもらっているから、この仕事をしているだけ」「給料をもらっているのだから仕方がない」と、仕事を楽しむことを諦めている人も多いはずです。けれども、それでは社員の成長も会社の成長も望むことはできません。

社員の能力を開花させるには、その土壌として、ワクワクできる前向きな職場環境が必要です。そのような環境を作り上げるには、経営者が社員一人ひとりと向き合えるか、がカギになります。社員とコミュニケーションを取りながらやる気を引き出し、会話や業務に取り組む姿の中から、隠れていた能力に気づき伸ばしてあげる。これには、「育てる」スキルも必要です。

私は、社員に自信と満足感を与えることを、「心の報酬」だと考えています。社員一人ひとりの才能を引き出し活かすことができたら、すばらしく強固な組織になることは間違いありません。

ポイント 日頃の会話や物事に取り組む姿勢から、社員の潜在能力に気づき、その才能を引き出す力が経営者には必要

4-6 社員の情報収集能力を磨く！

情報があふれる現代、情報を収集する能力は仕事をする上で、とても重要になっています。情報収集をするとき、みなさんは何を使いますか？　かつては、新聞、本や雑誌、テレビが主流でした。しかし、今や最初に挙がるのはインターネット。そして、特に近年はFacebook、Twitter、インスタグラム、noteなどのSNSを情報源として利用する人が非常に増えています。

インターネットとSNSに共通するのは、リアルタイムかつ膨大な量の情報が流れている

こと。さらにSNSでは、情報は自分から取りに行かなくても毎日勝手に入ってきます。

私は情報収集が得意なほうではありませんが、弊社のスタッフの中に、情報収集がとても上手な人が何人かいます。彼女らは、日々業務をする中でインプットした情報を、積極的にアウトプットして伝えてくれます。たとえば、同業他社がキャンペーンを始めたという情報、お客様がインスタグラムにエンジェル宅配の口コミを投稿してくれたという情報、今話題の商品やサービスの情報、また、弊社のビジネスにも関わってくる可能性のある社会情勢なども見逃せない情報です。

スタッフは、経営者である私が、このような情報を求めていることを熟知していて、目に留まったり、「これは！」と感じた情報を、常に誰かがシェアしてくれています。そのため、社内は自然と多種多様な最新情報が収集されている状態になっているのです。

時には、就業時間が終わり帰宅したスタッフから、「今テレビでこんな内容の番組がやっています！　参考になりそうです」といったメールが届くこともあります。その後、私が番組を見られなかったことを返信すると、番組の概要や主旨をレポートのようにまとめてメールで送ってくれ、情報共有してくれるといったことも珍しくありません。また、「今日の朝礼で話題になった○○の件ですが、こんなサイトがありました。参考になるのではないで

しょうか」と、スタッフが自発的に得た情報をURLとともにメールしてくれることもあります。私は、帰宅してからも、その日の議題解決に向けた情報収集をしてくれているスタッフ達を本当に頼もしく感じています。

なぜ、ここまでしてくれるのでしょうか？　それは、収集した情報を会社のトップである私に伝えて社内で共有することで、会社が業界で勝ち残るためのアイデアや企画の創出に貢献したいという気持ちがあるからでしょう。

弊社では、新たな商品を企画するときは、まずお客様の悩みや不安に着目します。そして、収集してきたさまざまな「情報」と「解決法」が結びつくかを考えます。つまり、ジャンルを超えて多くの情報を集めることが、より確実な企画やサービスの誕生に結びつくことを知っているのです。新たな企画を成功させるために、経営者はさまざまなことを意思決定していかなければなりませんが、その意思決定にも正確な情報が必要だと社員はわかっているのです。一緒に働く仲間がこのような視点で物事を捉えて考え、そして自ら行動する姿勢を見せてくれたら、どれほど心強いでしょうか。

まずは、経営者がどんなことを考えていて悩んでいるのかという「課題」を社員に伝えてみてください。そうすると、社員は社長を助けたいという想いから、さまざまな視点で調べて行動をしてくれるようになります。

あとは、その情報をどれだけ上司に伝えやすい企業風土があるかというところが重要です。一人ひとりの社員の情報収集能力を向上させることは、社員全員で経営に立ち向かっているという連帯感が深まります。ミッションの実現に貢献したいと集まって来たメンバーが、新しい事業の創造に主体的に取り組むためのスキル「情報収集能力」は会社の発展に欠かせない力です。

ポイント
会社のために、自ら情報を収集しようと思う社員はいますか？　また、その情報を上司に伝えやすい企業風土になっていることが大切です

4-7　社員の意識に火をつける

いろいろな研修やセミナーを社員に受けさせているのに、社員の意識が変わらない……。そんなとき、これ以上何をしたらいいのか、と頭を抱えてしまう経営者も多いのではないでしょうか。仮に自分の会社であれば、どんな部分に意識改革が必要だと思いますか？

- 社内または部署内の人間関係に問題がある、雰囲気がよくない
- できる社員に仕事が集中しがちで、やる気の見えない社員がいる
- 社員の成長が見られない

……といった問題があったとして、それらを解消するにはどんな方法が有効かを考えてみましょう。一番よいのは、仕事に対して「言われたことをその通りにやればいい」という姿勢の社員の意識を変え、「自ら考え行動する」社員へと成長させることでしょう。とはいえ、社員が変わることも、そう教育するのも一朝一夕にはいきません。自ら考えて行動できるようになるには、地道な努力が相当必要であること、社員達の意識レベルが不十分なのは社員の問題ではなく、経営側の責任だということを、経営者は理解しなければなりません。

実は、社内の意識改革に最も必要なのは、社員よりも経営側の意識を変えることなのです。仕事に向き合うときに「この仕事をしなければならない」ではなく、「この仕事をこのようなやり方でしてみたい」と考えられる社員に成長するには何が必要か、真剣に考えてみてください。

経営者としての私の経験上、社員にスイッチが入るきっかけには共通点があるようです。そしてそのスイッチが入るのは、経営者や同僚、またはお客様から「ありがとう」の言葉を

もらったり賞賛されるなど、「承認される体験」を得た時ではないかと思います。人は、他人から承認されると達成感を感じるものです。この達成感が仕事への充足感につながり、仕事において「～したい」という意欲が生まれ、自ら行動する意識が身につきます。私は、これが「自ら考えて行動する社員」への成長パターンだと考えています。社員が小さな成功体験を積んでいけるマネジメントの実践が、成功への近道なのではないでしょうか。

私が所属する日本創造教育研究所「北九州経営研究会」では、毎年12月に「ありがとう例会」が開催されます。人材育成と自社の業績向上を図るための活動の一環として、「ありがとう経営」への取り組み事例が発表されました。その内容を簡単にご紹介します。

【事例1】「ありがとうカード」を社員間で贈り合う

スタッフが、日頃お互いをどう思っているのかは、口にしなければ伝わらないものです。ある企業では、「今日のこの仕事はナイスだった。助かったよ！」などと書いたメモを相手に渡し、感謝の気持ちを伝え合う習慣をスタートさせました。その延長で、飲食店経営企業の社員さんが、記念日に店を利用してくれたお客様に、「ありがとうカード」を贈るという取り組みをしたところ、後日お客様から小さなプレゼントをいただいたそうです。感謝を伝えることを習慣化した結果、お客様との間に温かな絆を生み出したということです。

【事例2】「ありがとうボード」で、より気軽に運用する

「ありがとうカード」の贈り合いが習慣化しなかった会社では、ホワイトボードの横列に社員の名前を書き、縦列に「ありがとうカード」を並べた「ありがとうボード」を設置したそうです。

ボードにカードを貼るだけなので心理的負担が少ないのでしょう。例会では、毎月カードの数を集計して年間大賞を授与している事例が紹介されました。「ありがとうカード」が貼られているかもしれないワクワク感もあるし、小さな成果が見える化によって、仕事への意欲が生まれるため、自然にモチベーションも高くなります。社員の表彰は大きな「承認」を贈る機会にもなり、すばらしい取り組みだと感じました。

【事例3】「ありがとう作文」を全社員の前で発表

ある会社の2代目経営者からは、感謝を伝えたい社員への思いを、「ありがとう作文」として書き、年末に社員の前で読み上げる試みが発表されました。きっかけは、先代の右腕だった社員さんが退職することになった時に、子供の頃からこれまでずっと支えてくれた感謝を作文にして読み上げたことだったそうです。その動画を拝見して印象深かったのは、当人が感動してくれただけでなく、そのシーンを共有した他の社員さん達から「この会社に勤めていてよかった！」という言葉が聞けた、という部分です。勇気を出して社員への感謝を全社員の前で伝えたことで、社内全体のモチベーションがアップした。このような効果が一日で得られたのは、とても貴重な体験だったというお話でした。

お客様や上司・同僚から「ありがとう」の言葉をもらうことは、社員にとって大きな喜びです。求人・転職支援サービス利用者を対象に行なわれたアンケート調査によると、仕事でやりがいを感じることの第1位は、「お礼や感謝の言葉をもらうこと」（62％）だそうです。続く2位が「仕事の成果を認められること」（52％）、3位は「目標を達成すること」（50％）でした（出典：エン・ジャパン「9000名に聞く「仕事のやりがいと楽しみ方」調査」）。

自分が成長する感覚、そして、相手から肯定・承認される感覚をいかにして得るか。これが、人を成長させる一番のエッセンスとなります。愛社精神は、仕事で得られた喜びの気持ちから生まれるのです。自身の成長が実感できた社員は、自分の意見やアイデアを自ら上司に伝えるようになり、その結果、会社は活性化していきます。

「ありがとう」「いい考えだね！」このような承認の言葉を、経営の中で積極的に伝えみてください。自然と社内がまとまり、社員の意識の変革を感じられることでしょう。

※アンケート調査の出典：https://www.atpress.ne.jp/releases/163367/att_163367_1.pdf

ポイント

社員の意識を変え、「自ら考え行動する」社員へと成長させるには、ありがとう経営の実践が不可欠である

5章 さらなる強固な組織にするために

5-1 選んだのは「サービス業化」への道

弊社の起業ストーリーは、2002年に個人で創業し、2005年にネットショップ「アールウェディング」をスタートしたことから始まります。結婚式の引き出物を新郎新婦が外部から式場に持ち込むと、「持ち込み料」が500円ほどかかります（この式場の規定は、今でも変わっていません）。そこで弊社では、割引などの価格面に訴求したキャンペーンを展開しながら、「引き出物のネット通販」を行なっていました。当時は競合が少なく、インターネットの普及率が高まった時期でもあったため、少しでも引き出物を安く買いたいお客様からたくさんの注文が舞い込みました。商品登録数を増やすほど売上は伸び、パート感覚で自宅の一室から始めた小さな事業でしたが、たちまち人手が必要になり、事務所を構えて人を雇い入れ、勢いに乗って成長を遂げていきました（従業員との関わり方についてまったく無知なまま、初めて人を雇用したこの時の苦い経験が、本書を書く糧となっています）。

しかしその数年後に、突如、足元が崩れ落ちるような事態に直面しました。ある引き出物商品のメーカー幹部の方が弊社を訪れ、要請をされたのです。それが、「アールウェディングから商品が結婚式場に持ち込まれるので、式場が困っていらっしゃる。割引などのキャンペーンはやめてほしい」というものでした。式場としては、提携先から商品が購入されなければ、ビジネスが成り立たなくなるのでしょう。けれども、そこは自由競争のはずで、納得がいかない気持ちはあったものの、争っても仕方がないと思い、要請を受け入れました。その直後のことです。弊社に要請してきたメーカーが自社サイトを作り、引き出物のネット直販事業を始めたのです。広告にも入札しており、商品名でネット検索すると、そのメーカーサイトが弊社より上位に表示されるようになっていました。

当時、弊社の通販事業はすべて仕入れ商品でしたので、今後、他のメーカーも直販を仕掛けてきたらいったいどうなってしまうだろう……と、不安から夜も眠れない日が続きました。メーカーが本気で直販に乗り出したら、仕入れ販売のネットショップに勝ち目はありません。アールウェディングに大きな危機が降りかかってきたのです。業績不調の原因が外部にあるのでは、どうすることもできません。しかし、何かきっと突破口があるはずだと、毎日頭をフル回転させて考えました。

中小企業が生き残るためには、「メーカー化」か「サービス業化」の二択しかないと私は考えています。メーカー化するには、ヒットの確信が持てる商品を生み出す力と量産できる製造体制が不可欠です。それには莫大なコストがかかることから、私が選択したのは「サービス業化」の道でした。「引き出物を式場で配る」から「引き出物をゲスト宅に宅配する」という、引き出物の慣習を変えるサービス業へのチャレンジです。

百組百通りの贈り分けにも対応できるプロフェッショナルなサービスにしようという決意を込めて、まずはメーカー30社から商品を集め、どこにもない組み合わせの引き出物宅配セットを作りました。そして、熨斗の名入れやゲストの宛名間違い、内容物の入れ間違いが絶対に起きないよう、数十カ所のチェックポイントで入念に確認できる体制を整えました。その後も、受け取られたゲストの記憶に残るよう、愛をイメージしたピンク色の宅配ボックスを採用するなど、おもてなし力を感じてもらえるサービスを開発する日々が続きました。「引き出物宅配サービス」の始動に費やした期間は実に3年です。

２０１２年は、弊社にとって岐路となった年でした。メイン業務だった引き出物販売サイトの売上が激減し、一方、3年がかりで準備した「エンジェル宅配」のサイトが完成を迎えました。エンジェル宅配は立ち上げ直後から申し込みが途切れないというありがたい状況にあり、その売上が弊社の危機を救ってくれたのです。

定価販売ですが、購入した引き出物はゲスト宅に無料で配送する、というビジネスモデルはお客様のニーズとガッチリと嚙み合い、利用者は日ごとに増加していきました。その後の展開を見ると、メイン事業を宅配サービスに切り換えたタイミングは本当にギリギリだったと思います。判断が数カ月遅れていたなら、今の弊社はなかったでしょう。

しばらく経ち、参入障壁を高め、なおかつ競合他社との差異化を図るには宅配サービスだ

けでは不十分だと考え始めた時、ある「声」に注目しました。「引き出物と一緒に持ち込みたいものがあるので、同梱して送ってもらえませんか？」というお客様からの要望です。同梱物についてサイトに表記したこともないのにこうした問い合わせがあるということは、大きな潜在ニーズがあるかもしれない。私は即座にそう感じましたが、持ち込み品の同梱は予測のできないリスクがあるうえに、とても手間がかかるサービスです。どんな商品が入ってくるかわからないためフレキシブルな対応が必要だし、賞味期限など衛生面にも注意しなければなりません。そして、準備した箱のサイズと商品が合わなければ梱包できず、指定日にお届けできないリスクもあります。けれども、だからこそ大手には真似ができないサービスになるかもしれない！　最終的にチャレンジすることを選び、すぐにスタッフと共に起ち上げのための深掘りをしていきました。

その間、私は「お客様の喜びや満足を追求し、この同梱サービスの価値を高めていこう。それには、このビジネスに携わるスタッフ全員の頭脳とアイデアが必要になる。価格競争から抜け出せるまで、一緒に作り上げていこう！」と発信し続けました。今思うと、社風の変化を感じるようになったのもちょうどこの頃です。1章〜4章でお伝えしてきた内容を、一歩一歩実践してきた結果が出始めた、ということでしょう。

お客様の潜在的なニーズに気づけるかどうか。これが企業の生き残るための条件だと思うのです。社員全員で「気づく」経営を実践できれば、真に強い会社に生まれ変わります。

ポイント
お客様の潜在的なニーズに気づけるかどうか――これが企業の生き残るための条件

5-2 顧客の「潜在的な要求」が武器になる！

あらゆる商品が流通する今の時代、どの業界も成熟期に達し、価格競争に陥っています。この価格競争から脱け出すにはどうしたらいいのでしょうか？　その問題に直面した時によく挙げられる言葉に、「イノベーション（＝革新）」があります。革新的なビジネスモデルを打ち立てて実現する。たしかに、そうできれば解決が見えるかもしれません。では、そのためには何をどう考えればいいのでしょうか。物があふれる中で「この商品を選んだ理由は？」と消費者にたずねても、明確な答えが返ってこないことのほうが多いでしょう。自分の本当に欲しい物が何かわかっていない人が多いように感じます。これは、「消費者の声を聞いて商品を売る」という時代ではなくなったことを意味しているのかもしれません。

弊社の事業は結婚式の引き出物販売です。ウェディング業界は競争が激しく、スピードも速いため、新しいビジネスモデルを作ってもすぐに真似されてしまいます。必死に考えて差別化し、やっとブルーオーシャン（競争相手のいない領域）に抜け出したと安堵してビジネスをしていると、数年後にはレッドオーシャン（競争の激しい領域）化しており、競争の渦中にいる、という状況の繰り返し……。そうなると再び、価格競争に巻き込まれないためのアイデアと戦略が必要になります。

そんな時に注目したのが、「どこにお客様の潜在的な欲求があるか」ということでした。お客様自身も気づいていないニーズを掘り起こし、商品やサービスとして提供する。これが、小さな会社の生き残りに必要なことなのではないか――そう思い至った私は、社員と一緒に、お客様のニーズの深掘りに取りかかりました。見つけ出したいのは、思いもよらなかった領域でこんな商品やサービスを提示したら、「ほしいと思っていたのはそれなのよ！」と返ってきそうなシーンです。どんな分野のどのようなサービスにも、「なぜ？」「どうして？」の視点を欠かさず追求していきました。

特に近年は、SNSからいろいろな気づきが得られます。ウェディング業界では、花嫁さんたちがウェディング商品の感想や引き出物業者を比較したコメントを投稿しており、ハッシュタグ（#）で検索すると膨大な数の「花嫁の声」が浮き上がってきます。私達はその中で、花嫁さん達の多くが引き菓子に不満を感じていることに気がつくのです。結婚式の引き菓子は、見た目おしゃれなパッケージの商品が多いのですが、実際に食べてみると味はイマイチ、ということも少なくありません。後日、おいしいお菓子を好きなお店で購入したかった……という感想を新婦さんが発信していることもあります。なぜそうしなかったのか。それは「引き菓子は式場指定のカタログから選ぶもの」「引き出物業者のショップで買うもの」という強い先入観があり、そのうえ選択肢もなかったからでしょう。

ウェディング業界の引き菓子は価格競争に陥っているのが実状です。そこで私達が考えたのは、新郎新婦の方々に「式場や引き出物業者の指定カタログから選ばなくてよい」という選択肢を提案することでした。たとえば、新郎と新婦に出身地のおいしいお菓子を引き菓子としてそれぞれ1品ずつ選んでもらい、他店舗より弊社に持ち込んでもらいます。エンジェル宅配で購入してもらったメインの引出物と、持ち込み商品を同梱してゲスト宅に発送する。これをプラスのサービスとして打ち出したのです。持ち込み手数料はかかりますが、手数料の懸念を上回るサービスであればきっと満足していただけるはず。そう考えて出されたのが、引き出物に込めた新郎新婦の想いやストーリーをカードに表現して引き出物に添えるというアイデアです。カードは宅配ボックスの中にセットして、ゲストが自宅で引き出物を手に取ったり引き菓子を食べたりする時に読んでもらえるようにしました。新郎新婦の想いを感じながら、まるで結婚式が続いているような時間が流れる……そんな空間を提供できたら、どんなに素敵なことでしょう。

持ち込み宅配サービスは、「カタログにあるものの中から引き菓子を選ばないといけないのだから、妥協するしかない」という顧客の悩みを解決してくれます。実際、私達のもとには「このサービスのおかげで、本当に贈りたい商品を届けられます。妥協せず自分達らしい引き出物にしたかったので、救われた気持ちになりました」といった花嫁さん達の声が続々と届いています。

弊社のビジネスモデルはこのような変化を辿っています。

引き出物を式場に届けるネット販売

↓

引き出物をゲスト宅に直送する宅配サービス

← 外部からの品を持込み同梱できる宅配サービスを追加

「引き出物を求める新郎新婦」という顧客ターゲットから、さらに顧客を絞り込み取り込んできたことがわかると思います。お客様と接客する中から「隠れた顧客心理」を汲み取り、掘り起こす。そして、付加価値のあるサービスを生み出し提示することで、「そう！ こんなことがやりたかった」という消費者の気づきを揺り起こす。このような視点で新たな商品・サービスの創出に取り組むことが、これからの時代に求められているのです。

ポイント

「隠れた顧客心理」を汲み取り、掘り起こす。そして、付加価値のあるサービスを生み出し提示する！

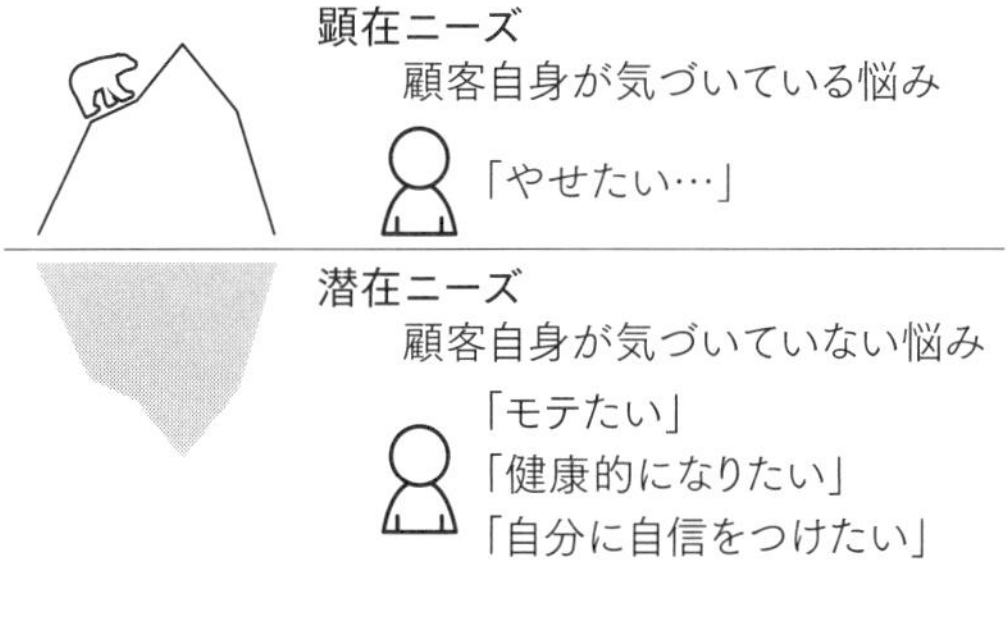

5-3 リスクのない範囲で実験!

新しいアイデアが社内で出たら、「とりあえず、やってみる!」が大切です。社員がせっかく出してくれたアイデアを、そのまま放置していないでしょうか? このような状態だと社員は、上司に意見や提案をしたところで無駄……と判断するようになり、仕事のモチベーションも下がっていきます。企画として作り込まれていなくても、いい視点を持った発想ならいったん形にして、トライアルとして実施すればいいのです。経営者や上司は、「アイデアがあれば、紙1枚でも書いて見せればOK!」を基本姿勢にしてみてください。

弊社の引き出物宅配サービスも、最初はサイト1ページの小さなコンテンツからスタートしました。「引き出物をゲストの自宅へ配送してもらえませんか?」というお客様の一言から生まれたトライアル企画で、サイトに上げてお客様の反応をたしかめ、正式なサービスにできるかを検証しました。PDCAを回していくイメージで、結果を見て次にやるべきアクションを決めていったのです。PDCAとは業務の品質改善・向上を効率的に実施するための基本的手法です(3章の1に用語の説明をしていますので参考にして下さい)。

PDCAを回しながら、サービスに足りないものはないか? よりよくするにはどうしたらよいか? と追求していきます。仮に、アイデアを元に新サービスを提供してみたもののの、売上に結びつかなかったとします。厳しい評価に、改善の検証もせず諦める選択をしたくなるかもしれません。しかし、「成功するまで諦めず続けることに意義がある」という考え方で続けることが大切です。チャレンジしているうちは失敗ではありません。諦めた時が本当の意味での失敗なのです。受験と同じで、三浪しても医学部に合格できれば成功です。失敗を恐れず踏ん張って続けることで確実に成長し、目指す所へと近づけるのは間違いありません。

ただし、「そのサービスがお客様に支持されない要因は何か?」「お客様はどう感じているか?」と、「Why?」を深掘りしても新たな「なぜ?」の連続で解決が見出せないときには、お客様自身に答えをいただくことも有効な手です。その際、メールや電話でなく直接お会いして、商品やサービスに対する率直な感想をお伺いするほうが、成果につながる答えが見つかりやすいように私は思います。解決への道を指し示す答えは、必ずお客様が持っています。最近は、インスタグラムなどのSNSを活用して、比較的簡単にお客様へのアンケートを行なえるようになりました。SNSでのアンケート結果も、十分ビジネスの参考になります。

業務の中で発生するさまざまな事柄から「課題」を見つけ、お客様の声を大切にしながら、「情熱」を持って「使命(ミッション)」に取り組むチームを作る。そして、課題に対してＰＤＣＡを繰り返す。会社を強くするには、このような試行錯誤を継続的に回せる体制が不可欠です。あるアイデアがうまくいかなくても、そのアイデアの品質を高めるために試行を繰り返すと、別の視点からアイデアが生まれることがあります。これこそがイノベーションにつながります。

また、ＰＤＣＡは驚くほど社員を成長させてくれます。第1段階〈Ｐ〉で「計画を実現するにはどうしたらよいか？」という思考が生まれます。第2段階〈Ｄ〉で実行し、第3段階〈Ｃ〉で「評価し社内に確実に伝える」スキルが育ちます。そして、改善のプロセスである第4段階〈Ａ〉になると、経営者脳に不可欠な「想像力・気づく力」が高められます。

会社が安定してくると、社員の多くは上司から言われたことを実行するだけという仕事のあり方に留まってしまいます。それでは、いつまで経っても個々の社員に考える力は育たず、活気のない職場になっていくことでしょう。自ら行動を起こせる社員は、自分で考えて実行し、軌道修正しながら物事を進める力を持っています。そして、自分のアイデアや行動が成功を導いたことを実感したとき、モチベーションは確実にアップします。ですから、まずは課題をＰＤＣＡで回すことを訓練してみてください。慣れてきたら、「計画〈Ｐ〉」にはあまりこだわらずに進めたほうがよいことに気がつくと思います。何においてもスピードが速い今の時代、「計画」段階で慎重になり過ぎると、翌日には状況が一変してすべてやり直

し に……と い う こ と も あ り ま す。 ま た、 現代の消費行動はとても複雑化していて、このリサーチ結果なら、〇〇の実施で△△の成果がもたらされる、といった「ビジネスの方程式」はありません。準備や調整に時間をかける前に「まずはやってみる！」思考が最適解というケースもあるのです。

私の場合、「計画〈P〉」段階で深く考えず、何を提案したらお客様の共感を生むかを前提に、「手始めに少し実験してみよう！」という気持ちを重視しています。お客様を観察し、潜在的なニーズとお客様の困り事を発掘・発見する。そして、それらをどう解決するかを課題に、「共感」を得られるようなプランを提案する。このとき、完璧に作り込んだ提案である必要はありません。お客様に提供してみて、実際の反応と生の声を拾って質を高めていけばいいのです。「市場に出してみなければわからない」をいつも頭の片隅に置いておき、成功しなければ、「じゃあ、これならどうか？」とアイデアを次々と出していく。この姿勢が大切です。

今、弊社では一つのアイデアが形になろうとしています。今回は検証の手法として「ABテスト」を実施しました。サイト掲載用のある一記事に対してタイトル案を二つ用意して、作成した2パターンのページを実際に公開し、どちらがよりお客様にクリックされるかの検証とクリックのパターンを分析します。よりお客様に響くのはどちらかをお客様自身に評価してもらい、いっそう高い支持を得られるように改善していく、という最適化の手法を実験中です。費用をかけずにノーリスクで検証・分析できる手法を取り入れることで、新たなイノベーションにつながるかもしれません。

ポイント
ビジネスはスピード感を持って実験してみることが大切
コストを最小限に、とりあえずやってみる！

5-4 「変化」の継続が強い組織へ！

先行きが不透明なこの時代、企業には「常に変化し続けられる」体制が求められています。「自ら変わり続ける」ことが、会社を強くする一番の武器である、と私は考えています。

ITの進化に伴い、世の中の進化のスピードはすさまじいものになりました。先日、あるセミナーでこのような話を耳にしました。デバイスの数は1000億個になり、1兆ものアプリケーションが稼働する。世の中に存在する情報量は40ZB（ゼタバイト＝TBの10億乗）にも上る――。もうイメージすらできません。聞き進めると「地球上に存在する砂の数より世の中の情報量のほうが多い時代になった」とのことでした。すさまじく膨大な量の砂が押し寄せる様子をイメージしてみてください。実際に物体として存在するわけではありませんが、情報が私達にとっていかに脅威的な存在となったかは想像できるでしょう。

情報は、日々インターネット上で増殖・更新され、ウェブやSNSに流れ続けています。これは、企業が置かれる環境が刻一刻と変化していることを示しています。強く斬新なサービスを携えた競合がネット上に突如現われ、たった1日で業界の地図を塗り替えたというシーンは、もうどんな業界でも珍しくなくなりました。速く大きな変化が絶えず起こる環境にあって、その変化に対応していくには、どのような会社になる必要があるのでしょうか？私は、「変わり続けられる風土を持つ組織」を作り上げることが、必要不可欠だと考えています。

弊社では、経営者の「気づき」を社員全員で共有できるよう毎日欠かさず発信し、その気づきから見出された課題を、社員と共にどのように改善していくか、みんなで議論することをルーチンワークにしました。お客様との電話やメールでやりとりした内容にも「敏感」に反応し、即座に真摯に対応していく態勢を基本としています。課題の改善は、お客様との間の何気ないコミュニケーションにヒントがあることも多いのです。お客様の一言に会社が生き残るための「宝」がある、という意識で日々の業務に携わると、それまで見えなかったこと、見えていても気に留めなかったことの中に、どれほど重要な視点やアイデアの素があるか気づけるようになります。

そこで考えてみてください。「お客様は何を求めているのか？」というソフト面でのニーズを常に深掘りしていくことの大切さを理解している社員が、どれほどいるでしょうか。お客様からの質問や意見に一つひとつ向き合い、即座の対応を心がけている会社がどれほどあるでしょうか？　お客様から寄せられた、あるいはお客様が発信した「こうなったらいいな」「ああしてほしいな」という声を、顧客のわがまま、単なる一希望と捉えて「いずれできたら対応する事項」で終わらせるのか、「業務の段取りを改善すれば対応できるのでは？」と素早く改善の検討に進むのか。ここの認識と対応の仕方が、会社の未来を大きく変えるポイントだと思うのです。お客様の要望に対して「それはできません」と、即答してはいないでしょうか？

弊社にも多くの取引先がありますが、各社とさまざまコンタクトする中で、この会社はこの部分をできるようにすれば、自社の強みになると気づいていないな、と感じることが実に多いのです。さり気なく、「こうしていただけるとありがたいのですが……」と提案をしても、その場で対応するたいていの社員は「それは、現在のところ難しいかと思いますので……」と言葉を濁した返答をして、終わってしまいます。もちろん、その時点でのワークフローで、すぐ改善要求に応えるのは難しいでしょう。けれども、たとえば社内業務の微調整を図るなど、「できない」が「できる」に変化する可能性を探る余地はあるはずです。

多くの企業において、お客様と直接接するのは経営者でなく社員です。お客様の声に自ら気づき、業務のあり方を変化させていく力は、経営者だけでなく社員全員に必要なのです。「自分の判断では、すぐに対応するのは難しかった」で、対応終了としていないでしょうか？　経営者や上司に相談し、改善の検討について話し合いを提案するところまで踏み込んでいるでしょうか？　もし、そこまではできているなら、気づきをクローズアップして改善を図り、最適化を継続していける組織の育成に向かっていかなければなりません。

経営者は、自社の中で変えず守り続けなければならない部分と、情勢や顧客のニーズの変化を敏感に察知して対応していくべき部分を明確に洗い出し、現在と10年先の経営について、どちらも時間軸で捉えて構想する力が必要です。そして、つい先月まで順調だったのになぜ⁉　ということが起こり得るこの時代、どれほど経営状態が良い時期でも、常に「危機感」を持ち、リスク対応への備えができているかが問われます。業績好調でも、リスクを想定したビジネスモデルを打ち立て、固定費削減を常に意識した経営を行なう。それとともに、自社の業界で将来何が起こり得るか予測する力を培っていかなければなりません。

そのような予測する力を養うには、今、社会でどのような変化が起こっているのか情報を集め、常に学び続ける姿勢が重要になります。これからの時代を生き抜くためには、お客様のニーズはもちろん、社会情勢についても社員全員で情報を取りにいく姿勢を基本に置き、情報を企業全体で共有・更新できるデータベースを構築する。そして、情報をあらゆることに活用できる体制を整えることが重要課題となります。キーワードは「情報活用」です。市場の変化が早く、お客様のニーズが多様化している現在において、マンネリ化したルーチンワークに留まり、変化に対応しきれない企業は生き残れません。自ら「変化する」、そして「変化し続ける」ことができる会社のみが今後成長していくことでしょう。

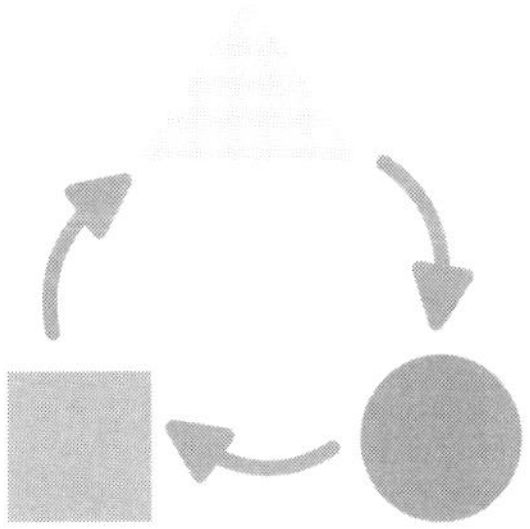

仕事を終えて翌日出社した時に改善や変化が一つもない状況にある会社は、弱い会社と位置づけられます。生き残れる強い会社は、改善点が日々挙げられ、始業時には必ず何らかの改善がなされているため、その改善点の共有からその日の業務が始まるはずです。

今、あなたの会社はどちらに当てはまりますか？　前者であれば、「変化し続ける組織への変革」に向けて、すぐに動き出す必要があるでしょう。

ポイント
日々、業務改善が生まれる組織を構築する
「変化し続ける」ことができる会社のみが成長する

5-5 社員に当事者意識があるか？

あなたの会社では、社員が「当事者意識」を持って働いていますか？　一般的に当事者意識とは、「自分はそのことに直接関わっている人間だという認識」を意味しますが、企業において当事者意識と言うときには、社員がどのくらいの比重で会社のことを考えてくれているか、その度合を測る物差しのような面もあります。社員の当事者意識を高めていける会社ほど強い会社と考えられるのです。私が起業したての数年間を振り返ると、当時、スタッフは、「会社に行けば仕事があり、与えられた業務をこなして時間が来たら帰る」「会社のための仕事で、自分のためにしていることではない」といった意識で働いていたように思います。まさに他人事の感覚で、当事者意識はありませんでした。このような社員に、当事者意識を持ってもらうためにはどうしたらいいのか。それはたいへん難しい課題で、とにかく社員を巻き込みたいと考えました。

そこで思いついたのは、私自身が社員に「課題や悩みを相談する」でした。そして、その課題や悩みに対する社員の意見を一人ずつ言葉で伝えてもらう。この2点です。

早速、朝礼に取り入れて、まずは経営者、リーダーの課題を全員で共有し、話し合いではランダムに社員から意見を出してもらいました。今日は左回り、翌日は右回りと、意見を出す順番は日ごとに変えていきます。業務に採用する事柄は、社員全員で決定していきます。

このようにすると、みんなで決めた内容を業務として遂行しているという意識が芽生えます。自分達で考え、自分達が会社を作り上げているという当事者意識があれば、仕事へのモチベーションは必ず向上します。

「当事者意識」を持っている社員には3つの共通点があります。

①仕事の内容に愛着がある

②会社の目標に共感している

③一緒に働く仲間を好ましく思っている

この三つは、どれひとつ欠けることなく、すべてを持ち備えていることが重要です。このように感じて仕事をしている人は、実のところ少ないのではないでしょうか。たいていの人は、長期の連休を心待ちにしながら、日々仕事をこなしている状況なのではないかと思います。心から仕事が好きで、「長期休みだけど、本音を言えば、早く会社に行ってみんなに会いたい！」と思っている社員が、あなたの会社にはどのくらいいるでしょうか？

すばらしいチーム力を持つ会社は、全社員が目標を共有し、経営者やリーダーは部下が精いっぱい活躍できる環境を整え、個々の社員が才能を発揮できるマネジメントを行なっています。「会社が自分の居場所」と感じてもらえるマネジメントを、常日頃からしているのです。では、どのようにして部下の意識や才能を高めているのか、ひとつ事例をご紹介します。

学生時代にディスプレイをやってみたいと思ったことがあると話していたAさんに、「新事業における商品ディスプレイコーナーを作りたいと思っています。あなたのセンスでここを自由にデコレーションして、素敵な空間を作ってもらいたいのです」と依頼したとしましょう。それまでの仕事ぶりから、彼女が興味を持っている得意分野だと知ったうえでお願いしているので、すばらしい結果を見せてくれることはわかっています。この仕事を終えた彼女は、きっと周囲から評価され、同僚や上司から承認されることでしょう。より大きな満足感とともに、会社に対する当事者意識も最大限に高まることが予測されます。

このように、社員にどのような才能があるかを見極めて仕事を任せ、結果を全員で承認するという流れを繰り返し行なってみてください。それを社員一人ひとりに対して実行できる体制を考えてみてください。職場の空気が徐々に変わってきたと実感できる日が近く訪れることでしょう。

もうひとつ、当事者意識を上げるちょっとしたコツを紹介します。それは「会議の仕方」にあります。あなたの会社では何かを決めるとき、経営者やリーダーが会議で決定し、それを社員に伝達してはいないでしょうか？　意思決定は経営者やリーダーに必要なスキルですが、私はある時から会議の進め方を切り替えました。それは、経営者主導でなく「社員に課題を投げかけ、一緒に解決法を考え、どう対応すべきか方向性や戦略を決めていく」というやり方です。自分なりの答えは必要ですが、社員たちに任せることで多方面からの思考によって正しい方向に導かれていきます。そして、結論が近いなと感じたときに、「では、そうしましょうか！」と、共感とともに結論を促す声をかけます。このようなやり方のほうが、社員の当事者意識はより高まりやすいと私は感じています。

経営者は、ときには「忍耐」をもって社員の答えを待つことが必要です。社員達自身で意思決定を行なえば、すばらしい功績へと結びつきやすいのです。全員で物事を解決していけるという一致団結した思いは、何より仕事が楽しいと感じさせてくれます。当事者意識を持つ人には、「プロ意識が高い」「諦めない」「報告や相談が丁寧」という共通点があります。素敵な職場にするために、成功体験を積み重ねることができる環境づくりから取り組んでみてはいかがでしょうか。

ポイント

「会社が自分の居場所」と感じてもらえるマネジメントを！
そうすると、自然に社員を巻き込んだ経営ができる

5-6 人が辞めない職場へ

少子高齢化に伴う労働人口の減少により、人手不足が深刻な社会問題となっています。人手不足から事業が難しくなった会社もあります。なぜ、突然社員が辞めるという事態が起こるのでしょうか？ 新入社員に一所懸命仕事を教えても定着しない状況は、事業が回らなくなるリスク以外にも、採用や新人教育に費やした時間・労力・コストのすべてが無駄になるという問題があります。社員が10人いたら考え方も十通り。一人ひとりの職場に対する要望も異なるでしょう。社員が辞めたくなる状況とはどのようなものか、経営者は自身の経験を思い出しながら真剣に考える必要があります。

退職にはどのような理由があるでしょうか？

- 人間関係がよくない
- 働いていて楽しくない
- 相談できる人がいない
- 教育が不十分で仕事に自信が持てない
- 将来が想像できない
- 実際の給料と希望額に差がある
- 残業が多い

人が辞めたいと思う理由はさまざまです。その他にも、働きたい気持ちはあるが、子どもの事情、親の介護、転勤など、家族の状況で致し方なく退職を決意しなければならないケースもあると思います。経営者にとって、「人材定着」への施策は事業戦略と同じくらい難しい課題だと感じています。

経営者は、常日頃から社員のことをよく観察し、

- 社員が働きやすい環境を整えるには？
- 社員は楽しく働いているか？
- 社員は誇りを持って働いているか？
- この仕事で社員は成長できているか？

といったことを考えておく必要があります。社員が「会社から大切にされている」と実感できていれば、どんなにピンチな状況に陥ったとしても、社員のモチベーションはそれほど下がりません。逆に、「必ず乗り越えてみせる！」というガッツが生まれ、より高い目標設定へと意識がシフトしていきます。人が集まりにくい…。と感じている企業が注力すべきは「新規採用」よりも「定着」です。「従業員ファースト」の経営姿勢が、より優先順位の高い事柄だということです。会社経営においては、あくまで「社員が主役」なのです。

時折、「業績がよければ社員を満足させられるが……」と言う経営者に出会います。しかし、順番が逆だと思いませんか？「従業員満足度」を高めていけば、結果として必ず「顧客満足度」が高まります。社員にやる気がなければ、事業拡大もできず、成長自体も望めません。しかし、社員が「会社に大切にされている」と感じていれば、どうでしょうか？会社の業績不振を知ったとき、「どうにかしなければ！」と、自分ごとのように自ら取り組んでくれるはずです。社員が一致団結し、経営者と一丸となったとき、初めて結果が出せるのです。

海外の航空会社のストーリーに、ある有名なエピソードがあります。その航空会社は「従業員第一主義」を経営の指針にしていて、基本理念には「ざっくばらんに」「仕事を楽しもう」というキーワードがあるそうです。どのようなサービスでお客様に満足を提供するかは従業員に任せているため、出発前アナウンスも客室乗務員によって異なり、なかにはラップで楽しませてくれる乗務員もいるとか。楽しく仕事することでモチベーションの上がった社員は、よりいっそうお客様を楽しませようとさまざまな試みに挑戦し、さらなる顧客満足度を生み出します。その結果、たしかな業績向上につながったという話です。

　このように、会社の未来は従業員のエンゲージメント（愛社精神）で決まると言っても過言ではありません。「従業員第一主義」の経営方針は、「私たちを大切にしてくれるこの会社のために頑張りたい」という社員の気持ちを育んでくれます。社員一人ひとりについてよく知るために毎日コミュニケーションをとり、どのようなことにやりがいを感じるかを把握して、任せる仕事を決める。そして、不安や不満はないかと、社員への気配りを大事にする。今の時代、このような経営スタイルがどれだけ重要か、おわかりになるでしょう。

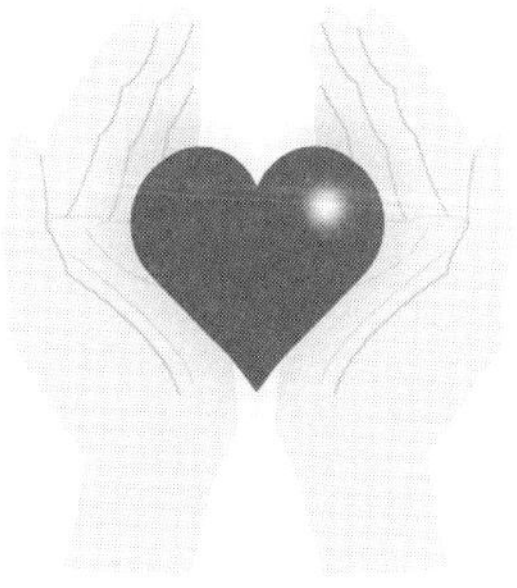

　社員が、「ここで働いていてよかった！」と心から感じてくれる職場ができ上がるまでにはまったくもって月日がかかり、根気も必要です。しかし、私の知る経営者の中には、1〜2年で見事に社風改善に成功した方が何人もいます。社員が定着する会社づくりは、やり方しだいで必ず結果を出せる

課題だと確信しています。

ポイント

会社経営においては、あくまで「社員が主役」

「従業員ファースト」の経営姿勢が大切

最後に……弊社、社員達のやる気にあふれる姿をご覧ください♪

https://www.youtube.com/watch?v=LNjkoIQg3lI&t=181s

5-7 スタッフの声

弊社のパート社員はどのような気持ちで日々勤務しているのでしょうか。

6名の声を紹介します。

【菅原 幸子】

私がエンジェル宅配で働き始めて7年が経ちます。勤め始めた頃、2人の子どもは小学校低学年生と幼稚園児でした。日々子育てに奮闘しながらも、毎日夢中で仕事をして、家路につく頃には達成感に満ちています。この7年間、仕事で落ち込むこともありましたが、辞めようと思ったことはありません。それは、私が会社からたくさんの宝物をもらい、仕事が日々の生活と切っても切れない存在になったからだと思います。

宝物のひとつが、仕事が大好きで楽しいと思えることです。私たちの仕事は、新郎新婦様からのご依頼で、結婚式の引出物を直接ゲスト宅へお届けするサービスの提供です。一生に一度の結婚式。こんな幸せなシーンに関われるのはとてもうれしいことです。「エンジェル宅配を選んでよかった」と新郎新婦様から喜びの声をいただく時、何よりもうれしく思います。また、このサービスが私達会社にとっても、お客様（新郎新婦様）、ゲスト様、商品のメーカー、すべての人の喜びとなるサービスだということに、誇りを持てます。ですから、もっとたくさんの方に知ってもらいたいですし、利用してもらいたい。そのために、サービスの向上、今以上の集客について、日々話し合いを重ねています。

二つ目は、一緒に働くスタッフ達の存在です。私達の職場では毎日朝礼で、その日の仕事のことや前日の振り返りを全員で共有します。その日の目標に向かって全員が同じ方向で仕事に取り組んでいます。事務の仕事、出荷の仕事と担当はそれぞれですが、お互いカバーしながら1日の仕事をしていきます。期日がある仕事なので、絶対に遅らせることができない日もあります。社長も含めてみんなで意見を出し合い、何度もピンチを乗り越えてきました。誰一人、他人事ではなく自分の問題として課題に向き合います。その達成感が自信となり、仲間との信頼関係につながっているのだと思います。また、後ろ向きの発言をすることなく、何事も積極的に動くスタッフばかりです。みんな魅力的で、いいところをマネしたいと思っていますが、すぐ同じようにはできません。それでも、頑固な自分を変えようとすると、その背中を押してくれます。

そして三つ目が自分自身の成長です。仕事でミスをしたとき、社長や上司に咎められるのは普通のことだと思いますが、エンジェル宅配では違います。なぜそのようなことが起きたのかを考え、みんなで共有します。スタッフやお客様に申し訳ない気持ちでいっぱいになりながらも、次からは絶対に同じミスはしない！　という強い意思と責任感が生まれます。みんな責任感を持って仕事に取り組んでいることをいつも感じています。自分一人では、きっとここまで成長できていません。そう思うと感謝の気持ちでいっぱいです。

会社がくれた宝物は、私を日々成長させてくれます。私生活でも、会社でのことを思い出してチャレンジしてみたことは何度もあります。それが、私が仕事を辞めない大きな理由です。たくさんのお金に代えられないものをもらっていますが、まだまだ恩返しはできていません。これからは、もっともっと経験を積み、自分が与えてもらったことを後輩に伝えていきたいです。そして、私も誰かに影響を与えられる人になりたいと思っています。

【末石 和佳子】

私は、レギュラーメンバーの中では劣等感を抱えながらも、普通より少しだけキラキラできている主婦です。エンジェル宅配に入社し、8年目に突入しました。

8年前、私がアールウェディングと出会った時、子どもはまだ生後8カ月でした。当時の募集内容は「繁忙期（9月〜11月）のみ3カ月間の短期雇用」というもので、「短期のパートだし……」と、面接の準備はホームページで会社の様子や概要を確認したくらいです。「ダメならまた次を探そう」という安易な考えで臨みました。けれども、面接で社長の野口さんとお話ししているうちに社内の雰囲気も込みでワクワクしてきて、「ココで働きたい！」という気持ちがどんどん大きくなっていきました。面接中にスイッチが切り替わったことを、今でも鮮明に覚えています。

結果、運よく採用していただいたのですが、はじめのうちは子どもが小さいこともあって、出勤しても業務に入る前に保育園から呼び出されたり、役に立てないことも多くありました。それでも、一緒に働くスタッフのみなさんに支えていただき、ご縁があって念願のレギュラーメンバーにもなれました。

幸せなことに、私は「仕事へ行くのが辛い」と思ったことは一度もありません。なぜなら、社長の野口さんご自身がいつもワクワクして仕事に取り組んでいるので、つい私も一緒にワクワクしてくるからです。長期休暇明けは毎回、スタッフが笑いながら口をそろえて「長かった〜！」と言っているような気がします。

女性だらけの職場ですが、スタッフ同士が円満な関係で働くことができています。これはきっと、野口さんのお人柄が職場内を浄化しているんだろうと、好奇心強めの私は常々感じています（決して、野口さんの本だから持ち上げているわけではありません！　笑）。

たとえば、野口さんはスタッフ一人ひとりについて何気なく気を配り、わずかな「出る杭」も見逃さず、出ている部分を伸ばして自信へと変えてくれます。そのスタッフの自信が社内で伝染し、お互いを励まし合ったりフォローし合ったり。もちろん、スタッフ同士でも仲間の中に「出る杭」を見つけたら、容赦なく徹底的にほめて伸ばす！　こういった仕組みが自然にでき上がっていったように思います。

そんな素敵なエンジェル宅配と出会ってからの7年間で、私もゆっくりではありますが、自分でも驚くほど成長しています。これからもエンジェル宅配のスペシャルなチームの一員として、このチームだからこそ、「見えるもの」「できること」をやっていきたいです。そして、このご縁が続く限り、もっともっと経験しながら輝き続けたいと思っています。

【須田 恭子】

私にとってエンジェル宅配はパワースポットです。職場なのにおかしな表現かもしれませんが、常にエネルギーチャージできる場所なのです。

まず朝礼で「経営理念」を唱和するときに、お腹の底から声を出すことで血流が良くなり、不思議とパワーがみなぎってきます。気持ちのよい1日の始まりです。次に、社長がさまざまなコミュニティーで経験したことや学んだこと、事業についての考え、その日に感じたことなどを丁寧に話してくれます。

関わる機会の少ない経営者の方々の、仕事に向き合う姿勢や考え方、何より野口社長の会社に対する思いや目指すところを日々聞けることは貴重な財産です。感動したり、共感したり、ワクワクしたり、もっと会社をよくしたいと思ったり。そのためにはどうしたらよいか、いろいろな思いを巡らせてスタッフ間で意見交換します。そして、その日の目標に向けて「今日もよろしくお願いします！」と声を掛け合い、ようやく仕事に入るのです。

朝礼は、スケジュールがパンパンになる繁忙期でも毎日欠かさず、充分な時間をとって行ないます。とても大切な時間を共有しているのだなと、豊かな気持ちになります。それぞれ担当部署に分かれてからも、作業効率を上げるには、ミスを無くすには、お客様に喜んでいただける丁寧な仕事をするためには、こうしたらよいのでは？　と何か気づきがあるたびに意見が飛び交い、情報はスタッフ全員で共有しています。自由に発言する場所があり、みんながそれを聞く耳を持っている。よさそうであればすぐに実行に移す。ダメでもまず意見を言う！　個々の意見をとても大切にしていることがよくわかります。

そんな環境が整っているから、新しい提案が次々と出ます。また、新しい気づきがあれば「すごい！」と、何か改善点を提案すれば「すばらしい！」と、社長を筆頭にスタッフが惜しげもなくほめてくれるので、思いついたら提案すること自体が楽しくなっていきます。そして、スタッフを新規採用するときには、既存のスタッフが気持ちよく一緒に働けるかどうかを必ずとことん話し合います。常にスタッフと向き合ってくれているのです。

実は、私は職場の中で最年長です。いろいろな衰えを痛感しながら働いています。若いスタッフに比べて劣るところもたくさんありますが、スタッフは私の持ち味、長所を探してほめてやる気にさせてくれる。「一緒に頑張ろう！」と、いつも言ってくれます。先輩スタッフが後輩スタッフを上手に育ててくれるのも、すばらしいところだと感じています。採用が決まった時点で、「一緒に成長していく仲間」と、意識が芽生えるのかもしれません。

パワーのある人達の中で仕事をしていくことは、正直とてもたいへんなことです。けれども、「好きな職場で働きたい」「好きな同僚と一緒に働きたい」という気持ちが、私のモチベーションを維持するエネルギー源となっていると思います。私を常に、少しずつでも成長していきたいという気持ちにさせてくれるこのパワースポットで、これからも自分のカラーを生かして輝き続けたいと思っています。

【古荘 みどり】

ネガティブな感情はポジティブな感情の7倍強く周囲に影響を与える、という話を最近聞いた。どういう基準で7倍という数字が出たのかは知らないが、明るいニュースより暗いニュースのほうが注目を集めやすいことからも、ネガティブなことの影響力のほうが大きいことはたしかだろう。

けれども、ここエンジェル宅配では、いつもポジティブな空気が職場を支配している。ネガティブさを凌駕するこのポジティブな流れは、いったいどこから来るのだろう？　この答えを見つけるべく、一スタッフである私が日頃から好き勝手に考察している内容を、ここに披露したい（あくまでも「好き勝手に」である！）。

まず、ポイントのひとつ目は何といっても社長の野口さんだ。会社の性格は経営者で決まると私は思っている。水が上から下へと流れるのが自然なように、経営者の思考や感情は、すべての従業員にくまなく影響を与える。特に、小さな会社では社長と従業員の距離が近い分、社長の思考・感情を私達は力強く浴びる。まるで滝の水に打たれるような勢いだ。その水にはポジティブなエネルギーがたっぷりと含まれているのだから……。野口さんの前向きパワーの影響力は絶大である。

次のポイントは、私達スタッフの「受け止める力」だ。叩きつけられるような社長からのパワーをしっかりと受け止め、滝の先に続く川へと共に泳いでいけるのは、スタッフみんなが持つ能力ゆえである。私達はこの職場でさまざまなことが求められる。「学習力」「応用力」「発言力」「思考力」「想像力」「妥協なき効率化」等々。それらを磨きながら、目指す大海に向かって必死に泳がねばならない。あふれる向上心と柔軟性がなければ、それは難しい。

そして、そんな私達の背中を押してくれるのも、野口さんのポジティブパワーだ。もし、言われるままに仕事をするだけの人や、適当に働いて不満ばかり言うようなタイプの人がいたら、かえってそのパワーに圧倒され、満身創痍になるだろう。

野口さんのポジティブパワーは、私達もポジティブにする。「やっぱり私達ってすごいよね」というセリフは、もはや合言葉だ。もともと前向きなスタッフばかりだが、社長の影響でさらにパワーアップしている。もちろん、ミスして落ち込んだり、うまくいかなくてため息が出たりすることも多々ある。でも、コツコツと地道に努力を積み重ねれば、必ず結果がついてくることも知っている。

野口さんのポジティブパワーは、みんなが同じ方向を向いて泳いでいけるように、私達に力を与え、誘導する。この流れに乗ってひたすら泳いでいけば、きっといつか、今まで見たこともないような、きれいな青い海にたどり着くに違いない。

【才藤 尚未】

エンジェル宅配は、めまぐるしく変化し続ける会社です。その中で、私が最も大きな変化を感じているのが「朝礼」です。そして、この朝礼が私は一番好きです。

入社して4年が過ぎましたが、朝礼の仕方や内容は日々変化しています。主に、「昨日のよかったところ」「注意すべきところ」を話します。よかったところは、特にスタッフ同士で助かったことや見習いたいこと、些細な気づきを感謝し、共有します。挙手制のときもあれば、指名制のときもあり、ルールなんてあってないようなもの。とにかく自由なのです(まさに、このようなところが好きです)。そんな毎日の繰り返しで、朝礼の仕方は変化していきます。

社長の野口さんは、一人ひとりに負担がかからないように、気にかけながら意見を取り入れてくれます。みんなで輪になり、野口さんの「さぁ、みなさんどうしますか⁉」「一緒に、考えましょう」という問いかけから始まる、営業会議のような話が始まり、意見が飛び交う。そんなふうに朝礼は進みます。

時には、お客様からのご感想やご意見も朝礼で共有します。社長の経験談や、これからの会社運営プランや理想などの話。大きな波のように上がり下がりを繰り返す社会の中で、次の波を作り出す難しさなどの話を聞くこともあります。私たちは、野口社長の考えを常に聞いているので一つひとつの作業に意味があり、大切なものだということに気づくことができます。業務に入る前からこんなに身になる時間があるって、なかなかあることじゃないと、私は思います。

また、社長の話を聞いていると、会社を経営する中で、仕事に携わる「人」の重要さや「関わる難しさ」と日々戦いながら大切に会社を育ててきたことを強く感じます。ですから私は、これまでエンジェル宅配を支えてきた社長や先輩方の努力の積み重ねを大切にすることを一番に心に留め置いて、仕事に取り組んでいます。

会社を育てる感覚をみんなが持ち、お互いを尊重しながらみんなで成長していく。これほど、身になる職場は他にはないと感じます。今はとにかく、自由に発言できる場があり、毎日忙しいことが楽しくて仕方ありません。わくわくしながら仕事をさせてもらえることに感謝する毎日です。

【伊藤 朋子】

私は働くことが大好きな二児の母です。正社員や嘱託社員などさまざまな雇用体系で働いてきました。母親になってから、これまでのペースで仕事ができないことにもどかしさを感じ、悩みました。「優先順位を大切に」という言葉を聞き、ワークライフバランスを意識して、パートで働こうと決めました。好奇心旺盛な私は、いろいろな業種のアルバイト経験があり、どんな仕事でもできる自信がありました。しかし、家庭のことを考えて仕事を探すと、実際にできる仕事はほんの少ししかありません。せっかくなら経験したことのない仕事がしたいという思いで、ここエンジェル宅配にたどり着きました。

初めのうちは周りの人のことをそれほど意識せず、久しぶりに自分のペースで働ける喜びを噛みしめるように働いていました。子どもがいると家事も思うように進まず、当時はイライラしたり、自分の力不足なのかと落ち込んだりしていました。そんな私に、会社の時間の流れはとても心地よいものでした。

仕事に慣れてきた頃、朝礼で意見を求められ、発言することが増えました。それまで上司がどんな思いで仕事をしているかなど、聞いたことも想像したこともありませんでしたが、野口社長が日々考えていることや悩んでいることを聞いて、経営の楽しさを感じることができました。ただ働くことが好きなだけでしたが、そこからはやりがいを感じるようになりました。自分の意見を聞いてもらえることの喜び、どんな意見も全員が受け入れてくれる安心感がありました。自分の意見が採用されたときはすごくうれしいし、みんなの考えを聞くとこんなにも新しい発見があるのかと、驚くこともありました。言葉にすると当たり前のように聞こえますが、こんな職場は今まで出会ったことがありません。

私は、パートは時間給なので実働時間を求められるだけだと思っていました。けれども、パートでも考えや思いを伝える時間を作ることで、コミュニケーションがとれ、チームワークを発揮できています。

5-8 まるで宝石箱のような職場へ（会社はパワースポット）

たった一人での起業から19年が経ち、オフィスにはいつも、はつらつと業務に取り組むスタッフの姿があります。みんな一人ひとりキラキラと輝いていて、その光景を目にするたびに、まるで宝石箱のような職場だと感じます。

ある日のエピソードをご紹介しましょう。

「アールウェディング」という社名、「エンジェル宅配」というサイト名は、祖父の代からご縁があり、現在は命名の宗家4代目となる著名な先生に付けていただいたものです。先生には数年前、会社を新築移転したに際にも移転先の方位から土地の契約や施工開始の日取りまでアドバイスしていただきました。アドバイスはたいへん有益でスムーズに契約でき、また、第二創業として設立する新会社も命名していただきました。

その先生からある日、「結婚式を挙げられる方を対象に、新生活に向けた『吉相印鑑』のご提案」についてお話したいというお電話をいただきました。早速、翌日の朝礼でスタッフ全員にその話を伝え、「印鑑は、姓が変わるときに新しく準備することが多いものですから、その印鑑を通して結婚式に役立つ企画を考えられたら素敵ですね」と話題を振りました。

すると、まずAさんが「インスタグラムからの発想ですが、袴と白無垢をイメージした絵柄を印鑑ケースにデザインしてみたらどうでしょうか？」と、ざっくりとしたイメージを紙に描いて説明してくれました。そしてAさんに続き、他のスタッフからも次々と提案が上がっていったのです。

Bさん「ご両親が結婚のプレゼントとして印鑑を贈るって素敵ですよね。ブライダル資料の中でご案内できるように、結婚式の演出のひとつとして何か企画できないでしょうか？たとえば、最後の花束贈呈のシーンの後、新郎の両親から花嫁へ、新姓を授けるという意味で「印授の儀」のセレモニーとかよさそうですね」

Cさん「そうですね。もしくは、挙式で、花嫁さんのご両親から新郎新婦に2本の印鑑をプレゼントしてもらい、結婚証明書にサインした後、その印鑑で押印するという儀式はどうでしょうか？」
Dさん「それなら、結婚証明書も素敵なデザインのものを提案したいですね」
Eさん「結婚式ではないですが、私の友人の会社では入社式に両親からのお手紙披露があって、感動したと言っていたのを思い出しました。印鑑と共に両親からのメッセージを伝えるのもいいと思います。ご両親から新郎新婦へのメッセージを披露宴で披露し、そのお手紙を印鑑と一緒にセットして渡すのもいいですね」
Fさん「結婚式の月にちなんだパワーストーンを素材に使った印鑑も、特別感があって素敵ですね。素材も結婚式らしくおしゃれにできたらいいですね。まずは、サイトとチラシを作成しましょう。チラシにはQRコードを付けて注文ができるようにして段取りを考えましょう」
Gさん「いいと思いますが……今回の印鑑の一番の強みは100年の歴史ある宗家の吉相印、手掘り印鑑が提案できることなので、その部分についてどう価値を伝えるか？という部分をもっと深掘りする必要があると思います」
「結婚式と印鑑」というキーワードをみんなに振ってから、上記の意見が出されるまで15分。短い時間でいくつもの提案が出され、会話が膨らむと笑い声が起こり、「その案いいね

〜！」と承認の言葉が飛び交います。そして、あっさりひとつの企画がまとまりました。みんなの頭の柔らかさには驚くばかりです。ディスカッションするスタッフ達は、実に生き生きとしています。

情報入手の能力に長けたAさん、Bさんは、キーワードから湧き上がったアイデアや情報をみんなの前にポンと出してくれます。アイデア自体は漠然としていてそのままでは使えませんが、大事なのはアウトプットのスピード感。経営者の私から見ても、彼女達に鋭い感性と才能を感じます。そのアイデアをCさん、Dさん、Eさんが上手に拾い上げて提案の形にしていき、話し合いの中で「こうしたらよいのでは？」という改良案も加わって方向性が決まります。方向性が決まったら、実務派でシステムに強いFさんが、そのアイデアの実現性を見据えて業務に落とし込む方法を提示してくれます。

また、会話の途中で視点を変えた意見を出してくれるGさんの存在も貴重です。ミーティングが盛り上がりGO！GO！ムードになっている時に、「ちょっと待って！」と逆の見方を出してストップをかけてくれるのです。「そういう視点もあるね」と一呼吸置いて考える空気が生まれると、よりよい案へと練り直すことができます。一つのテーマから自然に議論が広がり、きれいな着地点が見つかりました。

みんなでアイデアを出し合ってユニークで新しいアイデアを生み出していくこのやり方は、言ってみれば「ブレインストーミング」です。多くの会社で活用されているこの会議手法を意識せずできていたことに、私はいっそう誇らしい気持ちになりました。

スタッフに、なぜこれほど活発に意見を出せるのかをたずねてみると、世の中で何が起こっているかをテレビやネットニュースなどでチェックする時、自分たちの業務につなげられないかという視点を持って見ているということでした。日頃からアンテナを張って生活していると、突然ポンとテーマが与えられても、インプットした情報を元にアイデアを出せるようになり、アイデア出し自体を楽しめるようになります。他のスタッフからダメ出しされてもへこまないという「負けない精神」が培われているのもすばらしく、「10の提案のうち一つでも採用されれば十分やりがいを感じる」と言うスタッフもいます。

社員にとって会社が自分をより輝かせる場、輝く力が与えられるパワースポットのような空間になると創造・挑戦・実践のプロセスが回数多くまわるようになります。

社長1人で3日考えても答えが出ない案件も、パート社員に聞くと5分で解決するような組織へと変化していきます。このような時、「キラキラ輝く宝石のようなスタッフと一緒ならこの先も戦っていける！」と思える瞬間でもあり、私の中で大きな支えとなっています。

あとがき

このたびは、私の本をお読みいただきありがとうございました。

本書を書き進めていく中で、これまでの会社の経営について、いろいろなことを思い出しました。自分自身の半生を、改めて振り返る作業だったようにも思います。

ここで、私自身について少し触れさせていただきますと、私の社会人としての歩みは、銀行での勤務から始まりました。その後、全日本空輸（ＡＮＡ）に転職。客室乗務員として勤務を行ない、結婚しても、しばらくは勤務していましたが、５年経過したタイミングで退職することになりました。宿泊が伴う勤務が多い職種では、仕事と家庭の両立が困難と考えたこと、不妊治療のためにまとまった休みが必要であったことが、退職した主な理由です。働きたくても、断念せざるを得ない状況になった時、女性が結婚・出産・子育てとステージチェンジをしながらキャリアアップすることの難しさを痛感しました。

この女性が不利な状況をプラスにする方法はないだろうか？　と考えた時、思い浮かんだのが「起業」という選択肢でした。私の祖母が、昭和初期の時代より助産院を開業し、経営していた姿を見て育ったため、「私もやってみよう！」と簡単にチャレンジしましたが、起業してからは経営戦略と共に、「人材育成」「社風」「採用」「どうしたら売上が上がるか？」という問題に悩み続ける日々でした。

本書は、これまでの会社経営で悩んできたこと、気づいたこと、そして、積み重ねてきたさまざまな取り組みや改善策など……、

「会社の人に関する問題はこうすればうまくいく！」

「チーム力あふれる職場を作ることができたら、売上は自然に上がる」

と私自身が、確信を持ったことを紹介しました。

会社経営は闘いでもあり、一緒に働くスタッフ一人ひとりが、変化し続ける見えない相手との戦いに知識と知恵を絞り出し、日々努力をしてみんなで作り上げていくものです。頑張っているスタッフの才能を引き出し、パワーあふれる職場に変えていくのは、経営者やリーダーの関わり方しだいです。たくさんの「ありがとう」という感謝のメッセージを伝えてあげてください。日本に1社でも多く、エンゲージメントの高い社員に囲まれたワクワク感にあふれる素敵な会社が誕生することを願いながら執筆しました。

また、私にはもうひとつ夢があります。それは、弊社のパート社員の中から女性起業家を育てていくことです。一緒に学びを深めてきた彼女たち、今は、子育てなど家庭の事情でパート社員として働いています。いつの日か、「社長、こんな事業をしてみたいのですけど

……」と会話するシーンを想像しながら、1人1事業を作れるようなスペシャルな人材に育てていきたいと思っています。

最後になりましたが、本書を出版する機会を与えていただいた同文館出版、古市達彦編集長と九州出版会議のみなさま、本当にありがとうございました。そして、本書が読者の手にわたるまでにお世話になるすべての方、本書を手にしてくださる読者のみなさま方に、心よりの感謝を申し上げます。

みなさよの会社の発展に、本書が少しでもお役に立てることを願っております。

2021年1月

野口莉加

著者略歴

野口莉加（のぐち　りか）

人材育成・社風改善研究所　アールクリエイト　代表。アールウェディング株式会社　エンジェル宅配　代表取締役社長。
佐賀県出身。株式会社佐賀銀行に入社し、国際部で２年間勤務を経て、ANA(全日本空輸株式会社)に客室乗務員(CA)として入社。顧客満足度の高め方を自身のテーマとして、約５年間フライトを経験し、チーフパーサーとして後輩指導にも当たる。一番の思い出は、地元、佐賀空港開港時の初便フライト。ANAを退社後、婚礼司会者として独立し、ウェディング業界へ。2002年にアールウェディング株式会社を起業し、その後、引き出物宅配サービスエンジェル宅配事業を新規設立。これまでに３万組の新郎新婦と関わった実績がある。
・2016年　一般社団法人イーコマース事業協会　第８回全国ネットショップグランプリ日本ネット経済新聞社賞受賞
・2016年　第５回DBJ女性新ビジネスプランコンペティション　ファイナリスト認定
・2018年　おもてなしセレクション　体験・サービス部門で受賞

会社経営の19年間の経験をもとに、現在は人材育成・社風改善研究所　アールクリエイト代表として経営コンサルティングの仕事も行なっている。

お問い合わせやご連絡はこちらからお気軽にどうぞ
http://www.rcreate55.jp/
人材育成・社風改善研究所　アールクリエイト
info@wedding-r.com

パート社員ばかりの小さな会社が３億円を売り上げた秘密

2021年２月９日　初版発行

著　者 ―― 野口莉加

発行者 ―― 中島治久

発行所 ―― 同文舘出版株式会社

東京都千代田区神田神保町1-41　〒101-0051
電話　営業03（3294）1801　編集03（3294）1802
振替00100-8-42935
http://www.dobunkan.co.jp/

ISBN978-4-495-54080-7
印刷／製本：萩原印刷
Printed in Japan 2021